✩ 아내가 똑똑해야 가정이 산다.

Mrs. 보험

이병만, 《소나무향기》

저자소개

최서영

"보험은 행복을 위한 도구이다"를 삶의 사명으로 살아가는 人

- 2025.01 ~ 현재 인카금융서비스 / 제이어스총괄 영업이사
- 2020.05 ~ 2024.12 에이플러스에셋 어드바이저
- 1996.10 ~ 2015.09 삼성화재 근무
- 1996.01 ~ 1996.09 삼성생명 근무
- 1996.01 삼성 입사
- 1996년 보험업계 입문, 25년 이상 보험 설계 및 컨설팅 경력 보유
- 보험교육, 가족재정관리, 워킹맘 맞춤설계 등 다양한 주제의 컨설팅 진행 중

최서영의 활동 채널 한눈에 보기

네이버 검색	최서영
출판책	Mrs. 보험
KakaoTalk	cccc4086
카카오채널	보험가치메이커
오픈채팅방	보험권유없는보험정보방
Instagram	onlyonelovemyself
YouTube	보험가치메이커_최서영TV

삼성생명과 삼성화재에서 20년간 근무하며, 그중 19년은 영업현장에서 보험설계사님들과 함께 현장을 지켰고, 1년은 고객서비스파트에서 1만 건이 넘는 보험금 청구를 처리했다.

그 시간 동안 수많은 고객을 만나며, 눈물과 회복의 과정을 지켜보았다. 그 경험을 통해 보험은 단순한 금융 상품이 아닌, 고단한 삶의 숨구멍이자 가난의 대물림을 끊는 희망의 장치임을 온몸으로 깨달았다.

2020년, 그는 보험설계사로 전향해 현장에서의 경험과 데이터, 그리고 진심을 바탕으로 고객의 삶에 꼭 맞는 '균형 잡힌 보장 설계'를 실천하고 있다.

그녀가 믿는 사명은 단 하나.
"보험은 행복을 위한 도구다."
이 믿음 아래, 보험을 어려워하는 사람들에게 따뜻하고 명확한 길을 안내하는 것이 그의 진짜 일이다.

『Mrs. 보험』은 그 사명과 신념을 담아, 보험이 낯설고 막연한 이들에게 실질적 도움이 되는 한 권의 책이 되기를 바라는 마음으로 쓰였다.

프롤로그

'Mrs.'는 단순한 존칭이 아닙니다. 누군가의 아내이며, 엄마이며, 동시에 가정을 이끌어 가는 실질적인 책임자에게 주어지는 또 하나의 타이틀입니다. 그리고 『Mrs. 보험』은 바로 그런 기혼 여성을 위한 실전 보험 비법서입니다.

기혼 여성의 보험은 분명 달라야 합니다. 결혼 전에는 본인의 건강과 미래만을 고려했다면, 결혼 후에는 남편의 건강, 아이의 성장, 부모의 노후까지 생각해야 하기 때문입니다. 보험은 단지 병원비를 보장받기 위한 수단이 아닙니다. 가정을 지키고, 자산을 보전하며, 뜻하지 않은 상황에서도 생활을 이어 가기 위한 가장 현실적인 자금 관리 도구입니다.

"아내를 잘 만나야 집안이 산다"는 말이 있습니다. 이 말은 단지 살림을 잘하고 아이를 잘 키우는 것을 넘어, 가정의 경제를 지혜롭게 운영하는 존재가 아내라는 뜻입니다. 가정의 현금 흐름을 읽고, 지출을 점검하며, 미래를 준비하는 중심이 바로 기혼 여성입니다. 특히 보험은 당장 티는 나지 않지만, 인생의 어느 순간 반드시 필요한 시점이 옵니다. 그때 준비되어 있느냐 없느냐에 따라 가정의 삶의 질이 바뀌고, 나아가 아이들의 미래까지 달라질 수 있습니다.

　현실이 다소 부족하더라도 보험만큼은 가난하지 않아야 합니다. 보험이 제대로 준비되어 있으면, 뜻하지 않은 사고나 질병으로 인한 경제적 위기를 극복할 수 있으며, 나아가 가난의 대물림까지도 끊을 수 있는 강력한 수단이 됩니다.

　또한 보험은 소비로 끝나는 영역이 아닙니다. 요즘은 N잡러 시대입니다. 전업주부도, 워킹맘도 보험을 공부하고 이해한다면 누구든지 보험 전문가로 활동할 수 있는 시대입니다. 이 책은 보험을 잘 가입하는 법뿐 아니라, 보험을 통해 새로운 경제 활동을 시작할 수 있는 길도 함께 제시하고 있습니다.

　『Mrs. 보험』은 25년 경력의 보험 전문가가 직접 상담하고 설계하며, 고객의 삶과 함께 고민한 실전 지식을 담았습니다. 단순히 보험을 소개하는 것이 아니라, 보험을 통해 가정을 지키는 방법과 자산을 안전하게 운용하는 전략을 알려 주는 책입니다.

　이제 보험은 선택이 아니라 생존 전략입니다. 기혼 여성이라면 반드시 알아야 할, 그리고 반드시 준비해야 할 지혜가 담긴 이 책이 당신의 가정을 한 단계 더 단단하게 만드는 출발점이 되어 줄 것입니다.

　그런 의미에서 이 책의 첫 장에 실린 이병만 작가의 그림 《소나무향기》는 이 책이 담고 있는 메시지를 시각적으로 함축해 보여 줍니다.

마당에 뿌리내린 소나무는 집 안에 생명력과 건강한 기운을 불어넣고, 정문 앞의 소나무는 외부의 부정적인 기운을 막아내며 집을 수호하고, 집 뒤편에 자리한 소나무는 가정의 뿌리를 단단히 붙잡고 평온을 지켜주는 존재입니다.

그림 속 소나무가 그러하듯, 이 책 또한 당신의 삶에 조용히 뿌리내려, 예기치 못한 순간에도 흔들림 없는 울타리가 되어 주고, 가족을 지켜내는 단단한 줄기가 되어 드리기를 바랍니다.

추천사

　보험에 대해 많은 사람들이 '언제 쓸지도 모를 것'이라 생각하지만, 정작 인생의 위기 앞에 섰을 때 가장 절실히 필요한 것이 바로 그것임을 우리는 뒤늦게 깨닫곤 합니다. 이 책은 그러한 후회의 순간이 오기 전에, 미리 준비하고 돌아보게 만드는 값진 안내서입니다.

　저자는 수많은 상담과 사례를 통해, 보험이 단순한 상품이 아니라 삶의 불확실성을 견디게 해주는 구조화된 배려임을 설득력 있게 풀어냅니다. 가족의 삶이 흔들리는 순간, 보험이 어떻게 든든한 버팀목이 되어 주는지를 구체적이고 진솔한 언어로 보여줍니다.

　읽는 내내 보험에 대해 '얼마를 내고 무엇을 받는가'라는 관점을 넘어, '무엇을 지키고자 하는가'에 대한 본질적 질문을 던지게 되었습니다. 보험을 깊이 이해하고, 현명한 선택을 하고자 하는 이들에게 이 책은 단단한 나침반이 되어 줄 것입니다.

- 임은영 고객님

직장 생활을 시작하며 무심코 가입했던 보험들. 선배의 조언 하나로, 당장 필요하지 않은 보장을 덜컥 안게 되기도 했습니다. 결혼 후 재정비를 하며 "이걸 왜 들었지?" 하는 의문에, 결국 해지를 결정하던 그날의 마음은 아직도 생생합니다. 그때 이 책을 만났더라면 얼마나 좋았을까요?

『Mrs. 보험』은 어렵게만 느껴졌던 보험을 따뜻한 시선으로, 하지만 정확하게 풀어냅니다. 특히 인생의 전환점 - 결혼, 출산, 퇴직 등에서 보험을 다시 바라보게 되는 분들에게 깊은 울림과 실용적인 기준을 줍니다. Q&A 형식이라 궁금한 내용을 빠르게 찾을 수 있고, 내용도 참 친절하게 쓰여 있어 몰입감 있게 읽게 됩니다.

누구보다 성실하게, 한자 한자에 마음을 담아 써 내려간 저자의 정성이 고스란히 느껴지는 책입니다.

보험이 고민인 모든 이들에게, 후회 없는 선택이 되길 바랍니다.

— **선우은경 고객님**

20대 시절, 여러 차례의 교통사고를 겪으며 무작정 가입하게 된 보험이 저의 시작이었습니다. 그렇게 보험은 제 삶에 자연스럽게 스며들었고, 40대에는 친구와 동생의 권유로 보험 리모델링을 결심하게 되었습니다.

하지만 설계사님들마다 설명이 다르고, 보장 내용도 제각각이어서 무엇을 선택해야 할지 깊은 고민에 빠졌던 기억이 납니다. 오랜 시간 갈등하며 결정에 망설이던 저에게, 이제는 든든한 신뢰로 남은 이름이 있습니다.

제가 최서영 이사님을 선택한 이유는 단순합니다. 보험을 상품이 아닌 '인생의 보장'으로 바라보며, 고객의 입장에서 끝까지 함께하려는 태도와 철학이 느껴졌기 때문입니다.

100세 시대를 살아가는 우리에게, 보험은 생애 전반을 지켜줄 수 있는 가장 현실적이고 강력한 보호막이라는 사실을 그 누구보다도 명확하게 설명해 주셨습니다.

든든한 노후를 위해 2년 전 연금보험까지 가입하며, 이제는 인생의 마지막까지 함께할 수 있는 믿음직한 파트너를 만났다는 확신이 들었습니다.

이 책을 들고 계신 분들 역시 행운이라고 생각합니다. 행운이 찾아왔다면, 이제는 그 안에서 스스로의 행복을 만들어 갈 차례입니다. 이 책이 여러분의 삶을 지키는 나침반이 되어 주길 바랍니다. 올바른 눈과 귀를 가지고 보험을 바라본다면, 우리는 누구보다도 평안한 100세 인생을 살아갈 수 있으리라 믿습니다.

우리 모두, 행복해지기를 진심으로 바랍니다.

- 마규리 고객님

보험은 '재정을 지키는 도구'이며, 동시에 '가정을 지키는 우산'입니다. 그 전략의 중심에 여성, 특히 '아내'가 놓일 수 있다는 이 책의 관점은 참으로 탁월하고 통찰력 있습니다.

25년간 현장을 누빈 보험 전문가 최서영 저자는 이 책에서 단순한 보험 상품 설명을 넘어, 인생 전반을 관통하는 보험 설계의 원칙과 전략을 흥미롭고도 실용적으로 풀어냅니다.

특히 생애 주기별 보장 전략, 실손 보험의 진화, 종신 보험의 오해와 진실, 알릴 의무 등은 초보자에게는 나침반이 되고, 현업 종사자에게는 실무 바이블이 될 만큼 깊이 있고 정교합니다.

무엇보다 인상 깊었던 점은, 이 책이 보험을 '가정의 평화를 지키는 수단'으로 접근하고 있다는 점입니다. 여성의 섬세함과 실용적 지혜가 녹아 보험을 막연히 지출로만 여겼던 사람들에게 새로운 관점을 제시해 줍니다. 또한 N잡러 시대에 보험을 직업으로 삼고 싶은 이들에게도 실질적인 가이드라인이 되어 줍니다.

이 책을 통해 많은 아내들이 보험에 눈을 뜨고, 많은 가정이 안정과 풍요를 얻기를 바랍니다. 보험을 공부하고 싶다면, 이 책부터 펼쳐 보십시오. 당신의 가정이 달라질 것입니다.

- 신경열 총괄님
인카금융서비스 제이어스 총괄 대표
『신경열 3명에서 1000명까지』 저자

축하합니다. 저자 최서영 님과는 25년 전 삼성화재에서 처음 만났습니다. 당시 20대 초 열정이 남달랐고, 책임감이 강한 것으로 기억합니다. 매월 목표가 주어지면, 저자는 항상 리더였고 목표를 달성했습니다.

힘든 상황에도 언제나 명랑했고, 본인보다 주변을 더 많이 생각하고 챙겼습니다. 덕분에 힘든 상황을 즐겁게 일한 추억을 가지고 있습니다. 25년 전 저자 최서영을 한 문장으로 표현하면 '탁월한 열정과 주변을 밝게 만드는 훌륭한 리더이다!' 입니다.

시간이 흘러 어느 날 전화가 왔습니다.

25년 동안 보험 업무(실무)와 현장 영업을 바탕으로 틈틈이 메모한 내용을 책으로 엮었으니 읽어 보라는 내용이었습니다.

1. 친정엄마가 결혼한 딸에게 하나하나 알려주는 것 같이 세심하고 정리된 내용으로 고객뿐 아니라, 보험회사도 교육 자료로 사용하여도 매우 유익한 책이라 생각합니다.
2. 25년 보험 경력 의미는 25년 동안 고객을 만족시켰고, 고객이 저자를 찾았다는 의미입니다.

이제는 보험의 명장이 된 저자와 함께 삶의 위험을 헤아리고, 함께 의논한다면 지혜로운 방법이다 생각합니다. 더욱 발전하셔서 고객의 든든한 파트너가 되시기 바랍니다.

- **김영찬 차장님**(삼성화재 선배님)

목차

저자소개 · 002
프롤로그 · 004
추천사 · 007

마무리하며 · 206

Part 1. 보장성보험

1장. 보험, 똑똑하게 준비하는 원칙
1-1. 보험사 선택 기준 · 018
1-2. 생명보험사 vs 손해보험사 · 021
1-3. 특약은 골고루 준비했는가 · 027
1-4. 보험가입 금액은 충분한가 · 032
1-5. 보장을 길게 받을 수 있는가 · 035
1-6. 보험료는 적정한가 · 037

2장. 알릴 의무의 중요성
2-1. 계약 전 알릴 의무 · 040
2-2. 계약 후 알릴 의무 · 046
2-3. 가족력 · 051
2-4. 직업병 고려 · 055

3장. 보장 담보 범위 안내

3-1. 사망 범위 · 058

3-2. 3대 질병 보장: 암, 뇌질환, 심장질환 · 062

3-3. 수술비 보험 · 067

3-4. CI/GI보험 · 071

3-5. 후유장해 보장의 특성 · 074

3-6. 절대 해약하면 안 되는 보험 특약 · 078

3-7. 일상배상책임보험 · 081

3-8. 운전자보험/자동차보험 · 084

3-9. 치아보험 · 090

3-10. 간병보험 · 092

3-11. 화재 보험 · 098

3-12. 펫 보험 · 103

4장. 실손 의료비, 계약 전환 고민

4-1. 실손보험 변천사: 세대별 보장 차이에 대한 이해 · 108

4-2. 실손 보험 인상 대비 방법 · 116

4-3. 단체 실손을 개인 실손으로 전환하는 방법 · 119

4-4. 5세대 실손보험 특징 · 122

4-5. 실손보험만 믿을 수 있을까 · 124

Part 2-1. 저축성보험/연금보험

1장. 연금, 이것만은 알고 가자

1-1. 은퇴 준비가 중요한 진짜 이유 · 130

1-2. 국민연금, 퇴직연금, 개인연금 차이 · 132

1-3. 3층 연금 제도란 · 136

1-4. 꼭 알아야 할 연금 관련 용어: 종신형, 확정형 · 138

1-5. 내게 맞는 연금은 어떻게 고를까 · 140

2장. 국민연금 예상 수령액 조회가이드

2-1. 국민연금공단 홈페이지 이용법 · 143

2-2. 예상 수령액 조회 방법 · 145

2-3. 연금 확인 시 도움되는 사이트: 통합연금포털 · 147

Part 2-2. 종신보험, 기본부터 똑똑하게

1장. 종신보험, 이것만은 알고 가자

1-1. 종신보험 기본 개념 · 154

1-2. 종신보험 용어 알기: 계약자, 피보험자, 수익자 · 155

1-3. 정기보험 vs 종신보험, 나는 어떤 보장이 필요한가 · 157

1-4. 연금전환 기능이 있는지 확인하라 · 159

1-5. 목돈 마련 전략으로 활용 가능한가 · 161

1-6. 종신보험 세금혜택 · 163

Part 3. 생활 속 보험상식

1장. 약관 보는 방법 · 168
2장. 건강e음 어플 사용 · 170
3장. 보험을 해지해도 보험금을 받을 수 있는 방법 · 172
4장 보험금 청구 가능 기간 · 174
5장. 보험금 청구 시 필요 서류 · 177
6장. 보험의 면책기간과 감액기간 · 180
7장. 절대 서명하면 안 되는 보험 서류 · 182
8장. 의료자문 요청 시 대처 방안 · 185
9장. 보험의 결정요인 경험생명표 · 188
10장. 상속포기 후 보험금 수령 · 191
11장. 사전증여와 보험을 활용한 절세 전략 · 193
12장. 저축성 보험 비과세 요건 분석 · 196
13장. 단기납 종신보험의 비과세 요건 · 198
14장. 보험사별 콜센터 전화번호 · 201

Part 1

보장성보험

1장. 보험, 똑똑하게 준비하는 원칙

1-1. 보험사 선택 기준

현재 국내에는 생명보험, 손해보험, 인터넷 전문 보험사 등 수십 개 이상의 보험사가 존재한다. 이들은 각기 다른 상품과 다양한 특약을 조합하여 고객에게 '좋은 보험'을 권유한다. 하지만 아무리 상품이 좋아도 실제 보험금 청구 시 제대로 지급되지 않거나 보험사 자체가 재정난을 겪고 있다면, 그 보험은 가입자에게 아무런 도움이 되지 않는다. 흔히 "보험료는 잘 걷고, 보험금은 안 준다"는 불만은 그냥 만들어진 말이 아니며, 보험가입자는 보험회사가 약속을 지킬 수 있는 상태인지 반드시 확인해야 한다.

보험회사의 재무 건전성을 확인하는 대표적인 지표 중 하나는 RBC 비율이다. RBC(Risk-Based Capital)는 '위험 기반 자본비율'로 보험회사가 각종 위험을 대비하여 충분한 자본을 보유하고 있는지를 평가하는 수치이다. RBC 비율은 가용자본을 요구자본으로 나눈 후 100을 곱한 백분율로 표시되며, 금융당국은 100% 이상을 법적 기준으로 두고 있고, 150% 이상일 경우 안정적인 회사로 평가한다. 100% 미만으로 하위하는 보험사는 자본 확충 명령 또는 경영개선 명령을 받을 수 있으며, 이런 보험사의 상품에 가입하게 되면 향후 보험금 지급 지연이나 계약이전 등의 불편을 겪을 가능성이 높아진다.

보험금 지급 능력과 태도 또한 중요한 지표이다. 일부 보험사는 불필요한 서류 요구, 소극적인 지급 심사, 특약 해석의 자의성 등으로 인해 보험금 지급을 지연하거나 거부하는 사례가 있다. 이러한 정보는 금융 감독원의 '보험회사 비교공시' 시스템이나 소비자원, 보험협회, 언론 보도 자료 등을 통해 확인할 수 있다. 주요 지표로는 보험금 부지급 비율, 민원 건수 및 민원 처리 기간, 지급 심사 평균 소요 일수, 소송 발생률 등이 있다. 이런 자료는 금융소비자 정보포털 파인(-FINE), 보험다모아, 보험비교공시 사이트에서 비교적 쉽게 확인할 수 있다.

[보험사 평가 4대 기준 체크리스트]

항목	기준 내용	권장 수준
1. RBC 비율	보험회사의 자본건전성 지표	100% 이상 (법적 최소) 150% 이상 (안정적)
2. 보험금 부지급률	정당한 보험금 청구를 거절한 비율	낮을수록 좋음
3. 민원 건수	소비자 불만 건수	적을수록 신뢰도 높음
4. 지급 심사 소요 기간	보험금 지급 결정까지 걸리는 평균 일수	짧을수록 신속함

보험회사를 선택할 때는 다음 네 가지를 꼭 체크해야 한다: 첫째, RBC 비율(100% 이상 필수, 150% 이상 권장); 둘째, 보험금 부지급률; 셋째, 민원 건수; 넷째, 지급 심사 소요 기간이다.

진정한 의미의 좋은 보험은 보험금을 받는 순간 가입자에게 신뢰로 다가오는 보험이다. 보험은 '어떤 보험에 가입했는가'보다 '누구와 약속했는가'가 더 중요하므로, 모든 보장성 보험을 선택할 때는 보험회사 자체를 평가하는 안목이 반드시 필요하다.

[보험회사별 지급여력비율 현황]

* 2024년 6월 말 기준, 금융감독원
(단위: %)

- 생명보험사 -

생명보험사	비율
삼성	201.5
한화	162.8
교보	214.0
농협	373.4
흥국	209.3
미래에셋	198.0
신한라이프	235.5
KDB	155.4
DB	237.8
KB라이프	299.2
IBK연금	205.7
IM라이프	192.6
하나생명	162.8
교보플래닛	239.1
동양	166.2
메트라이프	358.9
ABL	144.5
AIA	268.4
푸본현대	180.8
카디프	273.5
라이나	342.9
처브	228.6
전체	212.6

- 손해보험사 -

손해보험사	비율
삼성	278.9
DB	229.2
현대해상	169.7
KB	202.7
메리츠	224.8
한화	209.3
롯데	173.1
흥국	195.4
농협	306.6
MG	44.4
하나손해	160.6
캐롯손보	206.1
카카오페이	1,171.9
AXA	276.7
AIG	252.8
ACE	305.5
미쓰이	392.9
알리안츠	207.5
신한EZ	343.5
퍼스트	178.3
코리안리	186.0
서울보증	445.4
전체	223.9

1-2. 생명보험사 vs 손해보험사

보험 상품은 크게 생명보험과 손해보험으로 나뉜다.

생명보험이란 사람의 생존과 사망에 대한 보험이다. 보통 생명보험은 피보험자가 사망하거나 일정한 나이까지 살아 있을 때 약정한 보험금을 지급하는 정액보험이다.

생명보험은 중복이 기본적으로 가능하며, 주식, 채권에 투자해 운용 실적에 따라 보험 가입자에게 투자 성과를 나눠주는 변액보험도 생명보험의 한 상품이다.

손해보험은 사고로 인한 손해를 배상하는 보험으로 실제 손해액을 지급하는 실비 보험이다. 사람 외의 자동차, 화재, 실손보험 등 소비자 재산과 직접적인 영향이 있는 상품도 손해보험의 한 상품이다.

생명보험의 상품군

· 종신보험

피보험자가 사망했을 때 계약 시 약정한 보험금이 지급된다. 생명보험의 대표적인 상품으로 최초의 생명보험 상품도 이 종신보험이었다.

· 정기보험

일정 기간(예: 10년, 20년 등) 동안만 사망을 보장하는 상품이다. 만기 이후 생존 시에는 보장 종료되며 해지환급금이 없거나 적다.

· **생존보장형 연금보험**(종신형 연금)

 일정 기간 납입 후, 피보험자가 사망할 때까지 평생 연금을 지급받는 상품이다. 생명보험사만 판매할 수 있는 상품이며, 세제혜택(비과세) 측면에서도 유리하다.

※ 종신형 연금은 연간 1,500만 원 이상, 총납입 1억 원 이상 가입 시에도 비과세 적용을 받을 수 있는 예외 규정이 적용된다.

· **선지급형 질병보장보험**

 생명보험사에서 판매하는 암보험이나 CI보험은 진단 시 약정한 금액을 지급하는 구조로 고액 진단비 중심으로 설계된다.

[생명보험만 판매하는 주요상품]

종신보험	사망보장 목적 : 만기가 없음 / **종신**토록 보장 가능 ※ **종신**(사망)+진단금 선지급 : CI보험 ※ 일부 특약도 종신토록 보장 가능 ※ 손해보험 상품은 만기가 정해짐(질병사망 80세 만기)
연금보험	노후 연금수령 목적 : **종신**연금형 ※ 손해보험은 연금저축보험만 판매(연말소득공제) ※ 손해보험 연금저축보험은 종신연금형 X
변액보험	투자를 통한 목적달성 : **변액연금보험/변액저축보험/변액종신보험 등** ※ 투자를 통해 보장금액 또는 환급금에 변동 ※ 손해보험은 변액상품 X

손해보험의 상품군

· **실손의료비보험**(실비보험)

 병원에서 발생한 실제 치료비의 일정 비율을 보장한다. 질병이나 상해로 인한 외래, 입원, 처방비용 등에 대해 본인부담금을 제외하고 환급 받을 수 있다.

· **암/뇌/심장 치료비 보험**(실비형 또는 진단+입원형)
 생명보험이 진단비 중심이라면, 손해보험은 치료비, 입원비, 수술비, 항암약물비 등 실질적 치료과정 중심의 보장이 많다.

· **자동차보험**
 손해보험사만 판매할 수 있는 보험이다. 차량 사고로 인한 대인·대물 피해를 보장하며, 의무보험(책임보험)과 선택형 종합보험으로 구성된다.

· **화재보험**
 주택, 상가, 공장 등의 화재, 폭발, 자연재해 등으로 인한 재물 손해를 보장한다. 이 역시 손해보험사만이 판매할 수 있으며, 물건을 피보험 목적물로 한다.

· **운전자보험**
 교통사고 처리 지원금, 형사합의금, 벌금, 변호사 선임비 등을 보장한다. 자동차보험과는 달리 운전자 개인의 법적 책임을 보완하는 상품이다.

· **간병보험 / 치매보험**
 장기간 간병이 필요한 경우를 대비해 장기요양등급 또는 특정 치매 진단 시 간병비/생활비를 지급하는 손해보험 상품이다. 진단 후의 실질 생활 보장에 초점을 맞춘다.

[손해보험만 판매하는 주요상품]

자동차보험	개인용/업무용/영업용 자동차 보험 ※ 책임보험은 법적 의무가입 ※ 대인/대물/자손(자상)/자차/긴급출동/무보험차상해 등 **※ 다이렉트보험으로 가입하는 경우 증가**
운전자보험	형사적/행정적 책임(12대 중대사고) ※ 교통사고처리비원금 / 자동차사고벌금 / 변호사선임비용 ※ 교통사고처리지원금 2017년 이후 보험회사에서 선지급 **※ 자동차보험과는 별도로 가입하는 보험**
화재보험 재물보험	공장화재/일반화재/주택화재 등 ※ 건물/가재도구/시설/집기/화재배상책임/벌금 등 ※ 가입기간에 따른 장기보험과 일반보험으로 구분
일반보험 배상책임보험 홀인원보험	법적의무보험 : 다중이용업소/재난배상책임/승강기배상책임 ※ 가족일상배상책임 : 일상생활 중 배상 사고에 대한 보상

[사망 원인에 따른 보장 비교]

자살(가입 2년 이후) 자연사, 원인불명

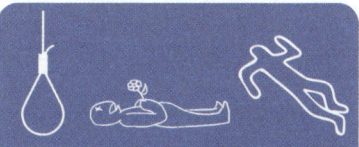

자살(2년 이후)   자연사   원인불명

제6조 [보험금의 지급사유]
회사는 피보험자에게 다음 중 어느 하나의 사유가 발생한 경우에는 보험수익자에게 약정한 보험금(별표1 "보험금지급기준표")을 지급합니다.

질병사망 특별약관
회사는 피보험자가 보험 증권에 기재된 이 특별약관의 보험기간(이하 「보험기간」) 중에 질병으로 사망한 경우 보험 증권에 기재된 이 특별약관의 보험가입액을 사망보험금으로 보험 수익자에게 지급합니다.

일반사망   질병사망
재해사망   상해사망

전쟁, 천재지변 O
(우연, 외래에 부합)

전쟁, 폭동, 지진 쓰나미 등 천재지변 X
(단, 홍수 및 태풍 등 자연재해 O)
승무원 X(직무상 탑승 예외), 선탠 X(급격 X)

상해사망 특별약관
회사는 피보험자가 보험 증권에 기재된 이 특별약관의 보험기간(이하 「보험기간」) 중에 상해의 직접 결과로서 사망한 경우 (질병으로 인한 사망은 제외) 보험증권에 기재된 이 특별약관의 보험가 입금액을 사망보험금으로 보험수익자에게 지급합니다.

생명보험은 일반적으로 **일반사망**과 **재해사망**을 보장하며, **손해보험**은 질병사망과 상해사망을 보장한다.

사망의 범위는 손해보험의 보장 내용보다 생명보험의 보장 내용이 더 크다. 사망은 크게 일반사망과 질병사망, 상해사망, 재해사망으로 나눌 수 있는데, 일반사망이라 함은 사망 사유와 관계없이 보험금을 받을 수 있는 보장으로 생명보험에서만 가입이 가능하다. 상해사망은 우연하고 급격한 외래의 사고의 상해로 인한 사망이며, 재해사망은 사고로 인한 사망과 더불어 천재지변, 유행병 등으로 사망했을 때 보장받을 수 있다. 질병사망은 질병으로 인한 사망을 말한다.

과거에는 건강보험이 주로 손해보험 회사에서만 취급되었으나 현재는 3보험(생명보험, 손해보험, 제3보험) 영역이 생명보험사와 손해보험사의 구분 없이 모두 취급 가능해졌다. 따라서 동일한 암보험이나 2대질환 보험이라 하더라도 보험료 외에도 보장 만기 조건을 꼼꼼히 살펴보는 것이 중요하다. 예를 들어 같은 보험료를 지불하는 상품이라도 만기가 100세인 경우와 종신형인 경우 종신형이 보장 기간이 더 길어 더 넓은 의미의 보장을 제공한다.

1-3. 특약은 골고루 준비했는가

 보험은 삶의 각 시기마다 예상되는 위험에 대비해 경제적 안정을 도모하는 생애 전략 자산이다. 특히 사람의 생애는 유아기부터 노년기까지 시간이 지남에 따라 건강 리스크가 달라지기 때문에 이에 맞춘 보장 설계가 필수적이다. 생애주기별로 필요한 특약을 적절히 구성하는 것은 보험의 가장 중요한 설계 원칙 중 하나이며 이를 통해 보장은 더욱 효율적으로 작동하게 된다.

생애주기별 필요 특약

태아기/성장기	청년기	중년기	노년기
선천이상 저체중	사망보장 3대 진단금(암, 뇌, 심장, 심혈관) : 수술비, 후유장해진단비(상해, 질병)		장기요양/치매
입원일당		간병비	
배상책임			
실손보험			

□ 全 생애 공통 보장 – 실손의료보험과 일상생활배상책임보험
 가장 기본적이면서도 전 생애에 걸쳐 필요한 보장은 바로 실손의료보험과 일상생활배상책임보험이다. 실손의료보험은 질병이나 상해로 인한 실제 치료비를 보장하며, 병원 이용 빈도가 높은 현대인의 생활에 있어 필수불가결한 보험이다. 특히 본인 부담금이 점점 커지는 건강보험 체계 속에서 실손보험은 갑작스러운 의료비 부담을 완화하는 유일한 수단이 되고 있다.
 일상생활배상책임보험은 타인에게 재산상 또는 신체상 손해를 입혔을 때 그에 따른 손해배상 책임을 대신 부담해 주는 보장이다. 이는 자녀가

있는 가정이나 반려동물을 키우는 경우, 또는 공동주택에서 생활하는 경우 발생할 수 있는 다양한 생활 속 사고를 보장하는 필수적인 보험이다. 두 담보 모두 생애 전반에 걸쳐 유지해야 할 핵심 보장이다.

☐ **태아기 - 태아와 산모를 위한 특화 보장**
 태아기는 생애주기 중에서도 가장 불확실성이 큰 시기이다. 이 시기에는 산모의 건강 상태뿐만 아니라 태아의 선천적 질환, 조산 등의 다양한 위험이 존재한다. 특히 이러한 위험들은 조기 발견이 어렵고, 치료 역시 복잡하게 이어질 수 있어 경제적인 부담이 매우 크다. 따라서 태아보험은 단순한 선택이 아닌 출산 전부터 반드시 준비해야 하는 필수 보장 수단이다.

· 태아를 위한 특약
 태아보험에서는 선천이상 보장 특약과 저체중아 출산 특약 등 태아에게 발생할 수 있는 주요 위험에 대비한 특약 구성이 가능하다.
 선천이상 보장 특약은 태아에게 진단될 수 있는 염색체 이상, 신체 기형, 장기 결손 등의 선천성 질환에 대해 보장을 제공하는 특약이다. 이와 같은 선천 질환은 출생 직후 수술이나 장기적인 치료를 요할 수 있어 조기 치료와 안정적인 치료 자금 확보를 위해 반드시 구성해야 한다.
 저체중아 출산 특약은 출생 체중이 2.5kg 미만일 경우를 보장하며, 이러한 경우에는 입원 기간이 길어지거나 집중 치료가 필요할 수 있어 치료비 부담이 커질 가능성이 있다. 따라서 신생아의 건강 상태에 따라 발생할 수 있는 추가 의료비에 대비하기 위해 중요한 특약이다.

· 산모를 위한 특약

태아보험은 태아 보장뿐 아니라 산모 건강에 대한 보장도 함께 구성할 수 있다는 점에서 더욱 유용하다.

산모를 위한 대표적인 특약으로는 임신중독증, 임신성 당뇨, 조산, 유산 등 임신 중 발생할 수 있는 주요 질환과 위험을 보장하는 산모 질환 특약이 있다. 이러한 질환은 태아의 건강에도 직접적인 영향을 줄 수 있으므로 산모의 안전한 출산을 위한 필수 담보다.

□ 청년기·중년기 - 경제활동기 중심의 보장 설계

청년기와 중년기는 가계의 경제적 중심축이 되는 시기로 이 시기에 발생하는 질병이나 사고는 곧바로 가족의 생계 위협으로 이어질 수 있다. 따라서 소득 상실에 대비한 보장 설계가 무엇보다 중요하다.

이 시기는 결혼, 출산, 자녀 양육, 주택 구입 등으로 가족 구성원 증가와 부채 확대, 생활비 지출이 집중되는 시기이며, 생애 전반 중 가장 많은 보장이 필요한 시기다. 따라서 보장의 범위는 넓되 중복 보장은 줄이고 보험료는 효율적으로 설계하는 균형 잡힌 접근이 필요하다.

· 사망 보장

경제활동기 중 발생하는 갑작스러운 사망은 가족에게 심각한 경제적 공백을 남길 수 있다. 최소한의 사망 보험금은 남은 가족의 안정된 생활을 위한 기본 안전장치로 반드시 설계되어야 한다.

· 3대 질병 진단비

암, 뇌혈관질환, 심장질환은 한국인의 주요 사망 원인이자 중대한 장애를 초래할 수 있는 질환이다. 이들 질병은 진단 시 고액의 치료비와 장기적인 소득공백을 야기하므로 진단금 중심의 보장 설계가 핵심이다. 치료 개시 전 빠르게 자금을 확보할 수 있는 구조가 필요하다.

· 수술비 특약
 다양한 질병 및 상해로 인한 수술 시 실손의료보험에서 자기 부담금이 증가하고 있는 현 상황에서 정액 수술비 보장은 치료비의 공백을 보완해 주는 역할을 한다. 특히 다빈도 수술(백내장, 척추, 관절, 제왕절개 등)의 보장 유무를 꼼꼼히 확인해야 한다.

· 질병·상해 후유장해 진단비
 예상치 못한 질병이나 사고로 영구적인 장애가 발생할 경우 단순 치료를 넘어 지속적인 재활과 생활자금이 필요하다. 후유장해 보장은 향후 경제적 부담을 줄이는 중요한 방어선이 될 수 있다.

· 중년기 이후, 간병비 보장의 필요성
 중년기를 지나며 점차 노화와 만성질환에 대한 리스크가 증가한다. 이 시점부터는 간병비 보장에 대한 준비가 중요하다. 간병비 보험은 병원 입원 시 경제적 부담을 덜어 주는 것은 물론 실제 간병인의 고용에 따른 심리적 부담 해소에도 큰 역할을 한다. 다양한 상품이 존재하므로 보장 범위와 지급 조건을 꼼꼼히 비교해 적절히 구성해야 한다.

□ **노년기 – 장기요양과 인지장애에 대비한 보장**
 노년기에 접어들면 가장 중요한 보장은 장기요양과 치매에 대한 대비이다. 평균 수명이 늘어난 반면 건강 수명은 짧아지고 있는 현실 속에서 노후 의료비는 단순 치료비를 넘어 간병비와 생활비 부담으로까지 이어진다. 노년기 보장은 단순한 치료보다는 삶의 질 유지와 관련된 보장이며 미리 준비하지 않으면 가족 구성원에게도 큰 부담이 전가될 수 있다.

장기요양보험 특약은 노인장기요양 등급 1~5등급 인정 후 시설 및 재가 급여 이용에 대한 보험금을 지급되면서 간병비가 보장되어 재정적 부담을 완화해 준다.

치매 진단비는 치매 경증에서 중증까지 치매 진단 시 정액 보장을 통해 요양시설 이용 및 가족 간병 부담을 덜 수 있다.

간병비 지원일당은 병원(요양병원 포함)에서 간병인 고용비를 보장하여 실질적인 생활자금 확보에 도움을 준다.

생애주기별로 특약을 점검할 때는, 불필요한 특약은 우선 기존 보험을 해약하지 않는 선에서 배서로 담보 삭제가 가능한지 확인하고, 필요한 특약은 추가하는 방식으로 효율적인 보장 설계가 이루어져야 한다. 자신이 가입한 보험상품의 보험 특약이 골고루 가입되었는지 확인하기 위해서는 자신의 생애주기와 가족력, 건강 상태, 경제 상황 등을 종합적으로 고려하여 주기적으로 특약 구성을 점검하는 것이 필요하다.

[보험특약 점검 체크리스트]

- ☑ **생애주기**에 맞는 특약 구성이 되어 있는가?
- ☑ **불필요한 특약**은 **정리**되었는가?
- ☑ **필수 보장**(사망, 진단, 수술 등)이 빠지지 않았는가?
- ☑ 실손, 후유장해, 배상 등 **실생활 관련 특약**이 포함되어 있는가?
- ☑ **가족력/건강상태**에 따라 필요한 보장을 반영했는가?

1-4. 보험가입 금액은 충분한가

적정 보험금은 개인이나 가정이 예기치 못한 사고나 질병으로부터 경제적 손실을 방지하기 위해 준비해야 할 보장자산의 적정 수준을 의미한다. 보장자산은 크게 세 가지 범주로 나눌 수 있으며 각 범주별로 적정 보장 금액에 대한 기준이 존재한다.

[보장자산 3대 범주 구조]

첫째, 가족 보장자산은 사망보험금과 장해 보험금 등을 포함하는 범주이다. 이는 가장의 사망이나 중대한 장해 발생 시 남겨진 가족의 생계를 보장하기 위한 자산으로 가계 연 소득의 3~5배 수준이 적정하다. 예를 들어 연 소득이 6천만 원인 가정의 경우 2~3억 원 정도의 보장이 필요하다. 특히 부동산 대출이나 신용대출 등의 부채가 있는 경우 이를 상환하고도 유가족이 안정적인 생활을 유지할 수 있도록 충분한 금액을 설정해야 한다.

[적정 보장금액 산출 기준]

구분	산출 기준	연소득 6천만 원 기준
가족보장자산	연소득 × 3~5배	1.8억 ~ 3억
생활보장자산	연소득 × 2~3배	1.2억 ~ 1.8억
의료보장자산	실손 + 비급여 보장	(개인상황에 따라 설정)

 둘째, 생활 보장자산은 질병 진단비, 수술비, 입원비 등을 포함하는 범주이다. 이는 주요 질병 발생 시 치료 기간 동안의 생활비를 보장하기 위한 자산으로 가계 연 소득의 2~3배 수준이 적정하다. 특히 우리나라 3대 질환인 암, 뇌질환, 심혈관질환에 대한 보장을 중점적으로 설계해야 하며 최근에는 고령화 사회로 접어들면서 치매 등 장기 요양상태에 대한 진단금도 중요하게 고려해야 한다. 이러한 진단금은 단순히 병원비를 충당하기 위한 것이 아니라 질병으로 인한 소득 중단 기간 동안의 생활비 성격을 갖고 있다는 점을 인식해야 한다.

 셋째, 의료보장자산은 실손 의료비와 관련된 보장을 포함하는 범주이다. 이는 실제 발생한 의료비를 보장받을 수 있도록 설계되어야 하며 현재 건강보험이 보장하지 않는 비급여 항목이나 본인 부담금을 충당할 수 있는 수준이어야 한다. 의료기술의 발달로 새로운 치료법과 고가 의료 서비스가 계속 등장하고 있으므로 의료비 상승 추세를 고려한 적절한 보장 한도 설정이 중요하다.

 이러한 세 가지 보장자산 범주를 균형 있게 구성하는 것이 중요하며 개인의 건강 상태, 가족 구성, 재정 상황, 그리고 생애 주기에 따라 적정 보장 수준은 달라질 수 있다.

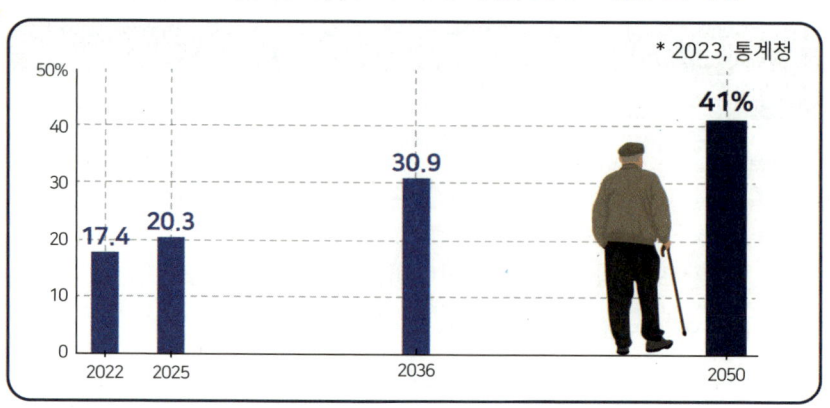

1-5. 보장을 길게 받을 수 있는가

보험을 가입할 때 보장 범위만큼이나 중요한 요소가 바로 '보장 만기'이다. 과거에 판매되던 보험상품들은 평균 수명을 기준으로 보장 기간을 설정하는 경우가 많아 암 진단비를 포함한 주요 진단금 특약의 만기가 80세로 설정된 상품들이 흔했다. 당시에는 평균 기대수명이 75세~80세 수준이었기 때문에 그에 맞춰 보장 설계가 이뤄진 것이다. 그러나 이제는 시대가 달라졌다.

우리나라는 이미 초고령사회에 접어들었으며, 평균 수명이 85세를 넘어 90세를 바라보고 있다. 실제로 많은 사람들이 90세 이상까지 생존하는 시대가 되었고, 장수로 인한 질병 발생 위험 역시 그만큼 커지고 있다. 이러한 흐름 속에서 보험의 보장 만기를 100세 또는 110세까지 설정하는 것이 보편적인 흐름으로 자리 잡고 있다.

[100세 시대 보험 보장 설계]

항목	내용 요약
과거 보장 만기	80세 기준, 기대수명(75~80세)에 맞춘 보장 설계
현재 평균 수명	90세 시대 진입, 초고령사회 도래
질병 발생 시기	암·심혈관·뇌혈관 등 고령일수록 발병률 ↑
보장 만기의 함정	80세 만기 도달 시 노년기 보장 공백 발생
적절한 보장 설계	100세 이상 만기 설정 → 장수 리스크 대비

특히 암은 단기간 치료로 끝나지 않고 고령에서 더 자주 발생하는 질병이기 때문에 암 진단비의 보장 만기는 반드시 길게 설정해야 한다. 단순히 암만이 아니라 심혈관질환, 뇌혈관질환 등 2대 진단비와 기타 진단비 특약 역시 마찬가지이다. 보장 금액만 보고 가입했다 하더라도 만기가 80세라면 정작 질병이 가장 많이 발생하는 노년기에 보장을 받지 못할 위험이 있는 것이다.

실제로 일부 소비자들은 과거에 가입한 보험이 있어 안심하고 있었지만 80세 만기로 종료된 보장을 모르고 지나치는 경우가 많다. 이처럼 보장은 있으나 만기 도달로 무용지물이 되는 사례는 의외로 흔하다. 따라서 기존에 가입한 보험이 있다면 보장 금액뿐 아니라 보장 기간이 충분한지 만기가 적절한지 반드시 확인할 필요가 있다.

보험은 언제, 어떤 상황에서 역할을 하는지가 핵심이다. 특히 암, 뇌혈관, 심장 질환은 고령일수록 발병률이 높아지는 평생 질병인 만큼 해당 진단비 특약의 만기가 100세 이상으로 설계되어 있는지를 확인하는 것이 매우 중요하다.

1-6. 보험료는 적정한가

보험료가 적정한지는 단순한 금액보다, 자신의 건강 상태와 소득, 보장 필요에 맞춰 장기간 무리 없이 유지할 수 있는지가 핵심이다. 보험료는 보통 몇 가지 주요 요인에 따라 결정되며 이 기준들을 잘 이해하면 적정한 보험료 수준을 판단하는 데 도움이 된다.

[보험료 결정 요인]

- **건강 상태** : 표준체 / 유병자체 → 보험료가 상대적으로 높아짐
- **가입 나이** : 어릴수록 보험료 ↓
- **납입 기간** : 길수록 월 보험료 ↓ (총액은 ↑)
- **주계약/특약 구조** : 꼭 필요한 특약만 선택 → 보험료 최적화

첫번째 가장 기본이 되는 요소는 바로 가입자의 건강 상태이다. 보험은 건강할수록 보험료가 저렴하고 건강 상태에 따라 일반 표준체, 유병자체로 분류되며, 이에 따라 유병자 보험료는 표준체 보험료보다 상대적으로 높을 수 있다. 예를 들어 같은 40세 남성이 가입하더라도 고혈압이나 당뇨가 있다면 유병자 전용 상품으로 가입하게 되며 이 경우 표준체 대비 보험료가 상대적으로 높을 수 있다.

두 번째는 가입 나이이다. 보험은 기본적으로 연령이 높을수록 위험률이 높다고 판단하기 때문에 한 살이라도 어릴 때 가입하는 것이 보험료를 줄이는 가장 확실한 방법 중 하나이다.

세 번째는 납입기간이다. 같은 보장을 받더라도 보험료를 10년 납으로 짧게 내는 것보다 20년이나 30년으로 긴 기간에 걸쳐 나누어 납입하면 월 보험료는 낮아진다. 물론 총 납입액은 다소 많아질 수 있지만 월 납입 부담을 줄이고 예산 안에서 보장을 준비하는 데 유리하다.

 보험료를 낮추는 또 하나의 전략은 보험상품을 모듈처럼 분해하여 조립하는 방식이다. 일반적으로 보험상품은 '주계약'과 '특약'으로 구성되어 있는데 일부 보험사는 주계약 없이도 필수 특약을 단독으로 가입할 수 있는 구조를 제공한다.

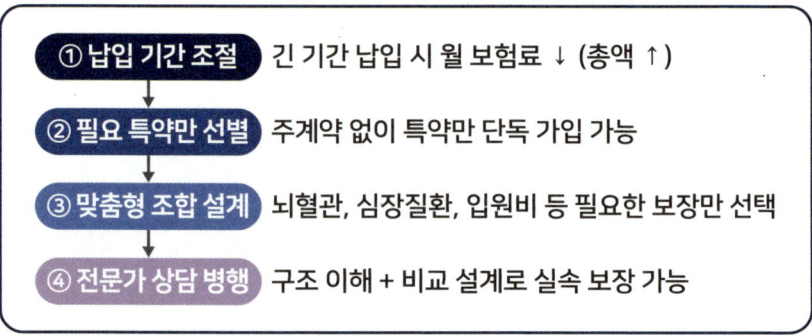

이 경우 특정 보장만 필요한 고객은 필요한 보장만 따로 선택해 보험료를 최소화할 수 있다. 마치 레고 블록을 맞추듯 뇌혈관, 심장질환, 수술비, 입원비 등 필요한 특약만 선별하여 맞춤형으로 구성할 수 있으며 이런 방식은 특히 보장 중심의 실속형 보험을 원하는 경우에 유리하다.

 다만 이런 구조는 일반인들이 혼자 비교하기에는 쉽지 않기 때문에 전문가의 도움이 필요할 수 있다. 그렇지만 전체적인 원리를 이해하고 접근하면, 비교적 저렴한 보험료로도 충분한 보장을 설계하는 것이 가능하다.

보험은 한 번 가입하면 짧게는 10년, 길게는 평생 동안 납입하고 유지해야 하는 금융상품이다. 따라서 '싼 게 무조건 좋은 보험'이라는 오해는 버리고 현명하게 보험료를 준비하는 기준을 세워야 한다.

보험료는 가족의 미래 생활비, 자녀의 꿈을 이룰 교육비를 위한 책임 있는 준비이다. 보장 설계는 개인이 아닌 가족 중심으로 접근해야 하며 이는 예기치 못한 위험으로부터 가족의 삶을 지키는 현실적인 책임의 표현이다.

2장. 알릴 의무의 중요성

2-1. 계약 전 알릴 의무

보험 계약을 체결할 때 가장 중요한 의무 중 하나인 '계약 전 알릴 의무(고지의무)'는 보험 가입자가 반드시 알고 지켜야 한다. 이 의무를 제대로 이행하지 않을 경우 나중에 보험금이 꼭 필요한 상황에서 보험금 지급이 거절되거나 계약이 해지될 수 있다.

계약 전 알릴 의무(고지의무)란?

계약 전 알릴 의무는 보험 계약을 체결하기 전에 보장받는 대상자(피보험자)의 건강 상태, 과거 병력, 직업 등 중요한 정보를 보험사에 정확하게 알려야 하는 의무이다. 이는 크게 세 가지 범주로 나눌 수 있다.

첫째, 최근 3개월 이내에 의사로부터 진찰 또는 검사를 받아 질병 확정 진단, 의심 소견, 치료, 입원, 수술, 투약 등이 있었는지를 알려야 한다. 많은 사람들이 간과하기 쉬운 점은 단순한 감기로 병원에 내원하여 약 처방을 받은 경우도 알릴 의무에 해당한다는 것이다. 사소해 보이는 사항이라도 추후 분쟁의 소지가 될 수 있으므로 정확히 고지하는 것이 중요하다.

둘째, 최근 1년 이내에 추가 검사(재검사)를 받은 적이 있는지를 알려야 한다. 다만 병증에 대한 치료가 필요 없이 경과를 지켜보는 상태에서 시행된 정기 검사나 추적 관찰은 고지 대상에 포함되지 않도록 개정되었다. 예를 들어 여성의 경우 유방이나 자궁과 관련해 지속적으로 추적 관찰하고 있는 경우라면 고지 의무에 해당하지 않는다.

셋째, 최근 5년 이내에 입원, 수술, 7일 이상 치료 또는 30일 이상 투약 등이 있었는지를 알려야 한다.

[보험 가입 전 고지의무 항목]

구분	기간	고지 대상 내용	비고
1. 진찰·검사 및 진단 등	최근 3개월 이내	의사의 진찰·검사 결과 - 질병 확정 진단 - 의심 소견 - 치료, 입원, 수술, 투약 여부	단순 감기 및 약 처방도 포함됨
2. 추가 검사 (재검사)	최근 1년 이내	추가로 시행한 검사나 재검사	단, 치료 목적이 없는 정기 검사·추적 관찰은 제외 (예: 유방, 자궁 추적관찰 등)
3. 병력 및 치료 기록	최근 5년 이내	- 입원 - 수술 - 7일 이상 치료 - 30일 이상 약물 복용	장기 투약, 반복 치료도 포함

※ 보험사마다 기준이 다를 수 있으므로, 가입할 때 해당 회사의 기준을 꼭 확인해야 한다.

이러한 고지 의무는 피보험자의 직업, 직무, 과거 병력 등 청약서상의 질문 사항으로 보험료 산정이나 보험 계약의 인수에 중요한 자료가 된다. 보험 계약 청약 시 보험 계약자 및 피보험자는 청약서상의 질문사항(고지사항)에 대하여 사실대로 알려야 한다.

[일반 심사 - 계약 전 알릴 의무 사항]

고지내용

	직업명	근무처/회사명	하시는일(구체적으로)	예	아니오
1					

※ 다음 각 항목의 질문사항에 대하여 사실과 일치하지 않은 경우, 계약전 알릴의무 사항을 반드시 정정하여 주시기 바랍니다.

2	현재 키와 몸무게는 얼마입니까? 키 cm, 몸무게: kg		
3	최근 3개월 이내에 의사로부터 진찰 또는 검사(건강검진 포함)를 통하여 다음과 같은 의료행위를 받은 사실이 있습니까? ☐질병확정진단 ☐질병의심소견 ☐치료 ☐입원 ☐수술(제왕절개포함) ☐투약 ※질병의심소견이란 의사로부터 진단서 또는 소견서를 발급받은 경우를 말합니다. ※투약이란 의사가 환자에게 약을 처방하는 행위를 말하는 것으로 실제로 약을 구입하지 않았어도 기재하여야 합니다.		
4	최근 3개월 이내에 마약을 사용하거나 혈압강하제, 신경안정제, 수면제, 각성제 (흥분제), 진통제 등 약물을 상시 복용한 사실이 있습니까? ※혈압강하제란 혈관 확장에 의해 혈압을 내리게 하는 의약품을 말합니다. ※각성제란 수면을 방해하고 피로를 경감하게 하는 의약품을 말합니다.		
5	최근 1년 이내에 의사로부터 진찰 또는 검사를 통하여 추가검사(재검사)를 받은 사실이 있습니까?		
6	최근 5년 이내에 의사로부터 진찰 또는 검사를 통하여 다음과 같은 의료행위를 받은 사실이 있습니까? ☐입원 ☐수술(제왕절개포함) ☐계속하여 7일 이상 치료 ☐계속하여 30일 이상 투약 ※여기서 '계속하여'란 같은 원인으로 치료 시작후 완료일까지 실제 치료, 투약받은 일수를 말합니다.		
7	최근 5년 이내에 아래 11대 질병으로 의사로부터 진찰 또는 검사를 통하여 다음과 같은 의료행위를 받은 사실이 있습니까? ☐질병확정진단 ☐치료 ☐입원 ☐수술 ☐투약 <11대질병> ☐①암 ☐②백혈병 ☐③고혈압 ☐④협심증 ☐⑤심근경색 ☐⑥심장판막증 ☐⑦간경화증 ☐⑧뇌졸중증(뇌출혈, 뇌경색) ☐⑨당뇨병 ☐⑩에이즈(AIDS)및 HIV/보균 ☐⑪직장 또는 항문 관련질환(치질,치루(누공),치열(찢어짐),항문 농양(고름집),직장 또는 항문탈출, 항문출혈, 항문계양) ※⑪번 사항은 실손의료보험 가입시에만 해당합니다.		
8	(여성의 경우) 현재 임신중입니까? (임신 주)		
9	(태아보험 가입의 경우) 임신과정 또는 산전검사에서 아래와 같은 태아 이상 가능성이 발견되었거나 진단을 받은 적이 있습니까? ☐1)선천성기형 ☐2)선천성장애 ☐3)자궁내발육부전 ☐4)큰몸증 ☐5)신경학적결손 ☐6)염색체이상 ☐7)양수과소증 ☐8)양수과다증 ☐9)태아수종 ☐10)용혈성질환 ☐11)태아감염 ☐12)인공(체내/체외)수정 의한 ☐13)다태아임신(☐쌍둥이 또는 ☐ 이상) ☐14)과숙임신 ☐15)전치태반 ☐16)태반조기박리 ☐17)자궁경관무력증 ☐18)산모의 출산전 선별검사의 이상소견 * 단, 18)번 사항은 "보호자 출산전선별검사결과이상소견진단비보장 특약」 가입시에만 해당됩니다.		
10	(치아보철치료비/치아보존치료비/치아근관치료비 가입의 경우)다음과 같은 내용에 해당 되십니까? ☐ 현재 틀니 중 ☐ 최근 1년이내 충치(치아우식증)로 치료, 투약 또는 치료 필요 진단 ☐ 최근 5년이내 치주질환(잇몸병·풍치)으로 자연치 상실, 치주수술 또는 수술 필요 진단		
11	(레이저시력교정수술 합병증(각막혼탁, 각막확장) 진단 및 재수술비 가입의 경우)현재 시력교정을 목적으로 안경이나 콘택트렌즈를 착용하고 있습니까?		
12	현재 운전을 하고 있습니까? 차종 ☐승용차 ☐승합차 ☐화물차 ☐오토바이 ☐건설기계 ☐농기계 ☐기타 용도 ○영업용 ○자가용 ○영업용 ○자가용 ○영업용 ○자가용 ○영업용 ○자가용 ※기타에 해당하는 경우 차종을 구체적으로 기재하고, 둘 이상의 차량을 운전하거나 하나의 차량을 둘 이상의 목적으로 사용하는 경우 해당되는 사항을 모두 기재하십시오.		
13	개인형 이동장치(전동킥보드, 전동휠 등을 포함하며, 장애인 또는 교통약자가 사용하는 보행보조용 의자차인 전동휠체어, 의료용 스쿠터 등은 제외합니다.)를 사용하십니까? ※ 계속적으로 사용(직업, 직무 또는 동호회 활동과 출퇴근용도 등으로 주로 사용하는 경우에 한함)하는 경우 기재		
14	최근 1년 이내 다음과 같은 취미를 자주 반복적으로 하고 있거나 관련 자격증을 가지고 있습니까? ☐1)스쿠버다이빙 ☐2)행글라이딩, 패러글라이딩 ☐3)스카이다이빙 ☐4)수상스키 ☐5)자동차, 오토바이 경주 ☐6)번지점프 ☐7)빙벽, 암벽등반 ☐8)제트스키 ☐9)래프팅 빈도 ○년 ○월 회 자격증명칭		
15	부업 또는 겸업, 계절적으로 종사하는 업무가 있습니까?		
16	향후 3개월 이내에 전쟁지역, 미개척지(열대,한대), 등반산악지대와 같은 해외위험지역으로 출국할 예정이 있습니까? ("예" 인 경우 기간 : 지역 : 목적 :)		
17	음주를 하십니까? 음주횟수 : (주 회) 음주량 : (소주 기준 1회 병)		
18	현재 흡연을 하고 계십니까? 흡연량(1일 개피) 흡연기간(현재부터 과거 년간)		

계약 전 알릴 의무 위반 시 어떠한 피해가 있나요?

고지 의무를 위반할 경우 보험사는 크게 세 가지 방식으로 대응할 수 있다.

첫째, 보험금 지급을 거절할 수 있다. 과거 병력이나 진료 사실을 누락했다는 이유로 보험금 지급 자체를 거부당하는 사례도 적지 않다. 이는 가족의 생계를 책임지던 가장이 갑작스럽게 질병이나 사고를 당한 상황에서 경제적 위기를 더욱 심화시킬 수 있다.

둘째, 계약 해지를 통보할 수 있다. 보통 계약 체결 후 2년 이내에는 계약 전 알릴 의무 위반이 발견되면 보험사는 일방적으로 계약을 해지할 수 있다.

셋째, 심각한 경우 형사 고소로 이어질 수 있다. 고의로 사실을 숨긴 것으로 판단되면 보험사는 보험사기 혐의로 고소할 수 있으며, 이 경우 당사자는 5년 이하의 징역 또는 1천만 원 이하의 벌금형에 처해질 수 있다.

실제 사례를 통한 고지 위반 문제

40대 직장인 A씨는 건강에 별다른 이상이 없다고 생각하며 종합건강보험에 가입했으나 암 진단 후 보험금을 청구했을 때 건강검진 결과에 이상 소견이 있었음에도 이를 고지하지 않았다는 이유로 보험금 지급이 거절되었다. A씨는 해당 검진 결과가 경미한 소견이었고 의사도 추가 검사를 요구하지 않았기에 고지할 필요가 없다고 판단했다고 해명했다. 다행히 법조인들의 도움으로 A씨가 고의로 정보를 은폐한 것이 아님을 입증해 보험금을 받을 수 있었다.

50대 자영업자 B씨는 교통사고로 후유장해를 입고 보험금을 청구했으나 3년 전 허리 디스크 수술 이력을 고지하지 않았다는 이유로 보험금 지급이 거절되었다. B씨는 해당 수술이 완치되었고 일상생활에 지장이 없다고 판단해 고지하지 않았다고 설명했다. 이 사례에서도 의료 기록과 계약 당시의 설명 의무 이행 여부, 약관상의 고지 항목 등을 분석한 결과 B씨의 고지 의무 위반이 아님이 밝혀져 보험금을 받을 수 있었다.

[실제 고지의무 위반 사례 비교]

구분	인물	고지 위반 내용	결과
사례1	A씨 (40대 직장인)	건강검진 이상 소견 미고지	보험금 지급 거절 → 법적 대응 후 수령
사례2	B씨 (50대 자영업자)	허리디스크 수술 이력 미고지	보험금 지급 거절 → 조사 후 수령

고지 의무를 올바르게 이행하기 위해서는 '중요한 사항'에 특히 주의해야 한다. '중요한 사항'이란 보험회사가 그 사실을 알았더라면 보험계약의 청약을 거절하거나 보험 가입금액 한도 제한, 일부 특약

제외, 보험금 삭감, 보험료 할증과 같이 조건부로 인수하는 등 계약 인수에 영향을 미치는 사항을 의미한다.

사소해 보이는 건강 이상이나 진료 기록이라도 알릴 의무에 해당된다면 반드시 사실대로 고지해야 한다. 간단한 감기 치료라도 3개월 이내에 발생했다면 알려야 하며, 이는 추후 발생할 수 있는 분쟁을 예방하는 중요한 조치다.

만약 사실대로 알리지 않거나 사실과 다르게 알렸을 경우 보험 가입이 거절될 수 있으며, 특히 그 내용이 중요한 사항에 해당하는 경우에는 계약이 해지되거나 보장이 제한될 수 있는 점은 반드시 유념해야 한다.

2-2. 계약 후 알릴 의무

계약 체결 이후에도 중요한 변동 사항이 생기면 보험사에 알려야 한다. 이를 이행하지 않은 경우 계약 전 알릴 의무 위반과 마찬가지로 계약이 해지되거나 보험금 지급이 거절될 수 있다.

계약 후 알릴 의무(통지의무)란?

계약 후 알릴 의무, 일명 '통지의무'는 보험계약 체결 후 피보험자에게 발생한 중요한 변경 사항을 보험회사에 알려야 하는 의무이다. 이는 고지의무(계약 전 알릴 의무)와 함께 보험계약자가 반드시 이행해야 하는 중요한 의무 중 하나이다.

통지의무가 발생하는 주요 사항으로는 직업 또는 직무의 변경, 운전 목적의 변경, 운전 여부 변경, 이륜차 및 원동기장치자전거의 계속 사용 등이 있다. 예를 들어 가입 당시 사무직이었던 사람이 생산직이나 현장직으로 직무가 변경된 경우 이를 보험회사에 알려야 한다. 반대로 생산직에서 사무직으로 변경된 경우에도 마찬가지이다.

[통지의무가 발생하는 주요 상황]

통지의무 발생 사유	예시
직업·직무 변경	사무직 → 현장직, 생산직
운전 목적 변경	자가용 → 영업용
거주지 변경	주소 변경, 연락처 변경 등
기타 변경 사항	주소, 연락처, 이륜차 사용 등

직업 급수는 상해사고 위험도와 직결되어 있어 보험료 산정의 중요한 기준이 된다. 같은 회사에 근무하면서 직무만 바뀌거나 부업으로 새로운 직업을 겸하게 된 경우에도 통지 의무가 발생한다는 점을 유의해야 한다.

상해보험뿐만 아니라 화재보험 등 건물이나 물건을 대상으로 하는 보험에서도 통지의무는 발생한다. 목적물의 이전이나 양도, 목적물을 수용하고 있는 건물의 구조 변경 등이 발생한 경우에도 보험회사에 알려야 한다.

또한 주소나 연락처가 변경된 경우에도 보험회사에 알리는 것이 중요하다. 이는 보험사로부터 중요한 연락이나 서류를 제때 받아 불이익이 생기지 않도록 하기 위함이다.

계약 후 알릴 의무 이행 시 변동 사항

통지의무를 이행하면 보험상품의 내용에 변동이 생길 수 있다. 직업 및 직무 변경에 따라 상해 관련 담보의 보험료가 조정될 수 있으며 책임준비금 차액을 납부하거나 환급받을 수도 있다.

[직업·직무 변경 시 보험료 변동 흐름]

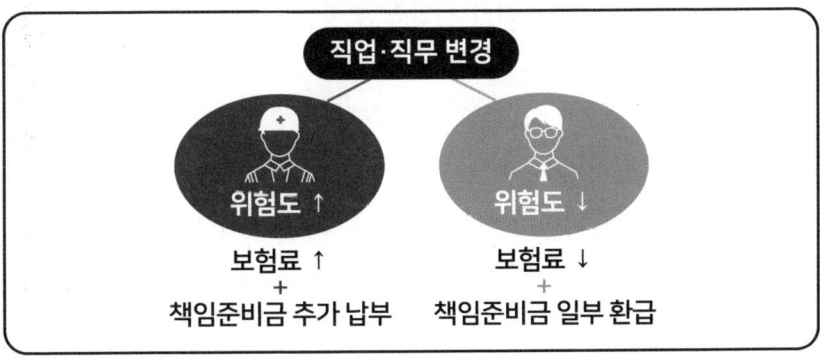

위험도가 더 높은 직업이나 직무로 변경된 경우에는 보험료가 인상될 수 있고 변경 전과 후의 책임준비금 차액을 납부해야 한다. 반면 위험도가 더 낮은 직업이나 직무로 변경된 경우에는 보험료가 인하되고 책임준비금 차액을 환급받을 수 있다.

이러한 변동 사항은 보험계약의 공정성과 형평성을 유지하기 위한 필수적인 조치다. 위험도에 맞는 적절한 보험료를 부과함으로써 보험제도의 건전성을 확보하고 모든 계약자에게 공정한 대우를 제공하는 것이 그 목적이다.

계약 후 알릴 의무 위반 시 발생하는 피해

통지의무를 이행하지 않으면 심각한 불이익이 따를 수 있다. 가장 큰 문제는 보험금 지급 시 이러한 불이익이 실제로 발생할 수 있다는 점이다.

위험도가 높아지는 직업 변경 등의 사실을 알리지 않은 상태에서 사고가 발생하면, 보험금이 삭감되어 지급되거나 최악의 경우 보험계약이 해지될 수 있다. 이는 보험약관에 명시된 내용으로 보험사는 통지의무 위반 시 법적으로 보상 범위를 제한할 권리가 있다.

다만 고지의무와 마찬가지로 통지의무 위반 사항이 해당 보험금 지급 사유와 직접적인 인과관계가 없는 경우에는 보험금 삭감 지급 등의 불이익은 적용되지 않는다. 그러나 그 인과관계의 입증 책임은 계약자에게 있으므로 처음부터 통지의무를 성실히 이행하는 것이 바람직하다.

실제 사례를 통한 통지의무 위반 문제

C씨는 보험 가입 당시 사무직 회사원이었으나 2년 후 건설 현장 관리직으로 직업을 변경했다. 그러나 C씨는 이 사실을 보험회사에 알리지 않았다. 얼마 후 현장 점검 중 추락 사고로 인해 중상을 입었고 보험금을 청구했다. 보험사는 조사 과정에서 C씨의 직업 변경 사실을 알게 되었고 통지의무 위반을 이유로 보험금을 50% 삭감하여 지급했다. C씨는 직업 변경이 그렇게 중요한 사항인지 몰랐다고 주장했지만 약관에 명시된 통지의무 조항에 따라 불이익을 피할 수 없었다.

D씨는 보험 가입 시 자가용 운전자였으나 이후 택시 기사로 직업을 바꾸었다. 운전 목적이 자가용에서 영업용으로 변경되었음에도 이를 보험사에 알리지 않았다. 택시 운행 중 교통사고가 발생했고 보험금을 청구했으나 보험사는 통지의무 위반을 이유로 계약을 해지하고 보험금 지급을 거절했다. 법적 분쟁 끝에 법원은 운전 목적 변경이 위험률에 직접적인 영향을 미치는 중요 사항이라며 보험사의 손을 들어주었다.

[실제 통지의무 위반 사례 비교]

인물	변경 내용	통지 여부	결과
C씨	사무직 → 현장직	미통지	추락 사고 → 보험금 50% 삭감
D씨	자가용 → 택시 운전	미통지	교통사고 → 계약 해지 및 지급 거절

이러한 사례들은 통지의무의 중요성을 잘 보여준다. 사소해 보이는 변화라도 보험 계약에 영향을 미칠 수 있는 중요한 사항은 반드시 보험회사에 알려야 함을 명심해야 한다.

계약 후 알릴 의무(통지의무)는 보험계약의 공정성과 보험 제도의 건전성을 유지하기 위한 필수 요소다. 직업, 직무, 운전 목적 등의 변경은 위험도와 직결되며 그에 따라 적절한 보험료 조정이 이루어져야 한다.

통지의무를 소홀히 하면 보험금 삭감이나 계약 해지 등 심각한 불이익을 받을 수 있으므로 계약자는 변동 사항이 발생할 경우 즉시 보험회사에 이를 알려야 한다. 특히 직업 급수가 낮았다가 높아지는 경우 보험사에 알리지 않고 사고가 발생하면 보험금이 삭감될 수 있음을 명심해야 한다.

보험은 예기치 못한 위험에 대비하기 위한 안전장치이다. 이 안전장치가 제대로 작동하기 위해서는 계약자의 성실한 의무 이행이 반드시 필요하다. 계약 전 알릴 의무(고지의무)와 함께 계약 후 알릴 의무(통지의무)를 철저히 준수함으로써 필요한 때에 온전한 보험 혜택을 누릴 수 있어야 한다.

2-3. 가족력

가족력은 3대에 걸친 직계 가족 혹은 사촌 이내에서 같은 질환을 앓은 환자가 2명 이상인 경우를 의학적으로 정의한다. 연구 결과에 따르면, 가족력은 질병 발병 위험을 크게 높인다. 암, 당뇨병, 고혈압, 심혈관질환, 조울증, 아토피 피부염, 치매 등 다양한 질환이 가족력과 깊은 관련이 있으며, 이에 대한 적절한 보장 설계는 해당 질환에 대한 철저한 대비를 할 수 있기 때문에 반드시 파악하는 것이 중요하다.

[가족력 관련 질병별 발병 위험도]

* 2021, 한국건강관리협회

질병명	가족력 있을 경우 발병 위험도 증가율
암	1.8~12.7배 (부모, 형제자매 병력 기준)
당뇨병	15~40% (부모 병력 기준)
고혈압	형제자매 있을 경우 57% 이상
심혈관질환	50~100% 증가
치매	50~100% 증가

암의 경우, 부모가 암에 걸린 경우 자녀의 암 발병 위험은 위암·대장암·유방암·폐암에서 1.8배에 달한다. 형제자매가 암에 걸린 경우는 2.0~3.1배, 부모와 형제자매가 모두 동일한 암에 걸린 경우는 최대 3.3~12.7배까지 발병 위험이 증가한다.

당뇨병의 경우, 부모 중 한쪽이 당뇨병이면 자녀의 발병률은 15~20%, 부모 모두가 당뇨병이면 30~40%로 추정된다. 고혈압은 부모 모두가 고혈압인 한국 성인의 29.3%가 고혈압을 앓고 있으며, 형제 자매가 고혈압인 사람의 57%는 자신도 고혈압인 것으로 나타났다.

심혈관질환, 치매, 아토피피부염 등도 가족력이 있을 경우 발병 위험이 50~100% 증가하는 것으로 보고되고 있다. 따라서 가족력이 있는 사람은 이러한 위험에 대비하여 적절한 보험 설계가 필수적이다.

가족력에 따른 맞춤형 보험 설계 방법

1. 가족력 가계도 작성

보험 설계의 첫 단계는 가족력 가계도를 작성하는 것이다. 본인을 중심으로 직계 가족 3대와 삼촌부터 사촌까지의 질병 이력을 조사하여 가계도를 작성하면, 자신에게 잠재된 질환의 위험을 파악할 수 있다. 이를 토대로 건강검진을 받거나 보험 상담을 할 때 보다 정확한 정보를 제공할 수 있다.

2. 질병별 맞춤형 보장 설계

[질병별 가족력에 따른 맞춤형 보험 보장 설계]

질병 가족력	핵심 보장 내용
암	진단비(소득의 2~3배), 수술·항암·입원비 등
당뇨병	진단비 + 합병증 특약 + 입원·수술비
고혈압/심혈관	심근경색·뇌졸중 진단비 + 중환자실·응급 특약
치매	경증~중증 보장 + 요양비 + 인지검사비

· 암 가족력이 있는 경우:
- 암 진단비 보장을 충분히 설정한다(가계 연소득의 2~3배 권장).
- 특히 가족력이 있는 특정 암(위암, 대장암, 유방암 등)에 대한 보장을 강화한다.

- 암 수술비, 항암치료비, 암 입원비 등 다양한 치료 단계의 보장을 포함시킨다.

· **당뇨병 가족력이 있는 경우:**
- 당뇨병 진단비 보장과 함께 합병증(신부전, 망막병증, 족부궤양 등) 보장을 강화한다.
- 질병후유장해 3%란 질병 치료 후 신체에 남은 장해가 3% 이상일 경우 보험사 약관에 따라 일정 금액의 장해보험금을 지급하는 보장이다.

[당뇨병 진단비 보장 기준]

"당뇨병"의 정의 및 진단 확정

① 이 특약에서 "당뇨병"이라 함은 제8차 한국표준질병사인분류에 있어서 별표 2 "당뇨병 분류표"에서 정하는 질병 중 당화혈색소(HbA1c) 6.5% 이상인 진단 기준을 만족하는 "당뇨병"(이하 당뇨병이라 합니다)을 말합니다. 당화혈색소 검사 시에는 NGSP(National Glycohemoglobin Standardization Program)에 의해 인증되고 DCCT(Diabetes Control and Complication Trial) assay에 표준화된 방법을 사용합니다.
② 당뇨병의 진단 확정은 의료법 제3조(의료기관)의 규정에 의한 국내의 병원이나 의원 또는 국외의 의료 관련 법에서 정한 의료기관(이하 '병원'이라 합니다)의 의사 면허를 가진 자(이하 '의사'라 합니다)에 의하여 내려져야 합니다.

보험금의 지급 사유

회사는 피보험자가 보험기간 중 제14조(특약보험료의 납입 및 회사의 보장 개시) 제4항에서 정한 당뇨 보장 개시일(이하 '당뇨 보장 개시일'이라 합니다) 이후에 '당뇨병'으로 진단 확정되었을 경우에는 보험수익자에게 약정한 '당뇨병 진단 급여금'(별표 1 "보험금 지급기준표" 참조)을 지급합니다. (다만, 최초 1회에 한함)

※ 보험사마다 기준이 다를 수 있으므로, 가입할 때 해당 회사의 기준을 꼭 확인해야 한다.

· **고혈압/심혈관질환 가족력이 있는 경우:**
- 심근경색, 뇌졸중 등 주요 심혈관질환 진단비 보장을 강화한다.
- 중환자실 입원비, 응급실 내원 보장 등 급성 심장 사건에 대한 보장을 포함시킨다.

- 혈전용해치료특약은 급성심근경색, 뇌경색 등 혈관이 막히는 응급 질환 발생 시 혈전을 녹이는 치료를 받을 경우 정해진 보험금을 지급하는 정액 보장 특약이다.
- 장기간의 재활 치료비를 보장하는 특약을 고려한다.

· 치매 가족력이 있는 경우:
- 경증 치매부터 중증 치매까지 단계별 보장이 있는 상품을 선택한다.
- 장기요양비 보장과 간병인 지원 서비스가 포함된 보험을 고려한다.
- 인지기능 검사 비용 등 조기 진단을 위한 검사비 보장도 중요하다.

가족력은 두려움의 대상이 아니라 미래의 건강 위험을 예측하고 대비할 수 있는 소중한 정보이다. 가족력이 있는 질환에 대해 적절한 보험 보장을 설계하면, 질병 발생 시 경제적 부담을 크게 줄이고 치료와 회복에 집중할 수 있다.

[가족력 체크리스트]

구분	고혈압	당뇨	뇌질환	심혈관	치매	암
조부모	☐	☐	☐	☐	☐	☐
외조부모	☐	☐	☐	☐	☐	☐
아버지	☐	☐	☐	☐	☐	☐
어머니	☐	☐	☐	☐	☐	☐
형제	☐	☐	☐	☐	☐	☐
자매	☐	☐	☐	☐	☐	☐
체크 개수						
체크 개수	상(4개 이상)		중(2~3개)		하(1개)	
확인 사항	심각한 시기 해당 질병 가입금액 확인		보장분석 체크 시기 체크된 질병 의학 정보 확인		생활습관 체크 시기 예상 질병 확률 확인	

2-4. 직업병 고려

직업병은 업무 환경에서 발생하는 다양한 유해 요인으로 인해 발생하는 질병이다. 직업병의 원인은 크게 물리적 요인(근골격계 질환, 소음성 난청), 화학적 요인(중금속 중독, 유기용제 중독, 진폐증), 생물학적 요인(세균·공기 오염), 정신적 요인(스트레스, 과로) 등 다양한 요인에 의해 발생할 수 있다.

[직업병 발생 원인]

원인 유형	예시 질환
물리적 원인	근골격계 질환, 소음성 난청
화학적 원인	유기용제·중금속 중독, 진폐증
생물학적 원인	세균, 공기 오염
정신적 원인	스트레스, 과로

직업병은 일반 질병과 구분하기 어려운 특성이 있다. 노출이 시작된 시점부터 첫 증상이 나타나기까지 수년에서 수십 년이 걸리기도 하며, 이로 인해 인과관계를 입증하기 어려운 경우가 많다. 또한 이직 후에 발생하거나 직업성 요인과 비직업성 요인이 복합적으로 작용하는 사례도 많다. 이러한 특성으로 인해 직업병은 실제 발생 수보다 적게 보고되는 경향이 있으며, 산업재해 보상도 충분히 이루어지지 않는 경우가 많다.

직업병 관련 보험 가입의 필요성

첫째, 직업병은 발생 시점을 예측하기 어렵고 장기간에 걸쳐 서서히 진행되는 경우가 많다. 따라서 미리 보험에 가입해 경제적 안전망을 구축해 두는 것이 중요하다. 현재 건강하더라도 과거의 직업적 노출이 미래의 건강 문제로 이어질 수 있기 때문이다.

둘째, 직업병으로 산재보험의 인정을 받기 위해서는 절차가 복잡하고 시간이 오래 걸린다. 업무상 질병으로 인정받기 위해서는 유해 요인 노출 경력, 노출 정도의 충분성, 특이한 임상 증상에 대한 의학적 인정, 요양 필요성 등 다양한 조건을 충족해야 한다. 이 과정에서 적절한 민간 보험 보장이 있다면, 경제적 부담을 줄이고 필요한 의료 서비스를 받는 데 도움이 된다.

셋째, 산재보험만으로는 충분한 보장을 받지 못할 수 있다. 경미한 직업병의 경우 산재 보상을 받지 못하거나 보상 범위가 제한적일 수 있다. 또한 산재 신청 과정에서 회사업무와의 갈등이 발생할 수도 있다. 개인적으로 직업병 관련 보험에 가입해 두면 이러한 상황에서도 안정적인 보장을 기대할 수 있다.

직업병 관련 보험 가입 시 고려사항

직업병 관련 보험에 가입할 때는 다음과 같은 사항을 고려해야 한다.

[직업병 보험 가입 시 고려사항]

고려사항 항목	내용
직업/작업 환경 맞춤 보장	업종별 주요 질병 보장 체크
장기 보장 여부	수십 년 후 발병 가능성 대비
종합 보장 여부	일시금 + 치료비 + 요양비 + 소득 보상 등

첫째, 자신의 직업과 작업 환경에 맞는 보험 상품을 선택해야 한다. 제조업, 건설업, 서비스업 등 직종에 따라 발생 가능성이 높은 직업병이 다르므로, 이에 맞는 보장 내용을 꼼꼼히 확인해야 한다. 예를 들어 제조업 종사자는 화학물질 노출로 인한 질병 보장이, 사무직 종사자는 근골격계 질환이나 스트레스 관련 질병 보장이 더욱 중요할 수 있다.

둘째, 장기 보장을 제공하는 보험 상품을 선택하는 것이 바람직하다. 직업병은 노출 후 수년에서 수십 년 후에 발생할 수 있으므로, 오랜 기간 동안 보장이 유지되는 상품이 적합하다. 특히 직업을 변경하거나 퇴직한 이후에도 보장이 지속되는지 여부를 확인해야 한다.

셋째, 직업병 진단 시 일시금뿐 아니라 치료비, 요양비, 소득 보상 등 다양한 항목이 포함된 보험을 선택하는 것이 좋다. 직업병은 장기간 치료와 회복이 필요한 경우가 많기 때문에, 포괄적인 보장이 가능한 상품이 이상적이다.

직업병은 예방이 최선이지만, 모든 위험을 완전히 제거하기는 어렵다. 현대 사회에서 직업병은 전통적인 유형 외에도 근골격계 질환, 뇌심혈관계 질환, 정신적 스트레스 관련 질환 등으로 점차 다양화되고 있다. 따라서 적절한 보험에 미리 가입함으로써 만일의 상황에 대비하는 것이 현명한 선택이다. 직업병 관련 보험은 단순한 비용이 아닌 근로자의 건강과 가족의 경제적 안정을 위한 중요한 투자다.

3장. 보장 담보 범위 안내

3-1. 사망 범위

 사망보장보험은 가족 보장 자산의 핵심 요소로 주 소득원이 사망했을 때 남겨진 가족의 생계를 보호하기 위한 중요한 금융 장치다. 일반적으로 적정 사망보장금액은 가계 연소득의 3~5배 수준이 바람직하다. 예를 들어 연소득이 6천만 원인 가정의 경우 약 2~3억 원의 사망보장이 필요하다. 이는 특히 부동산 대출이나 신용대출이 있는 가정에서 더욱 중요하다. 가장의 갑작스러운 사망으로 소득이 중단되더라도 남겨진 가족이 대출을 상환하고 일상생활을 유지할 수 있도록 보장하기 위함이다.

 사망보장은 생명보험과 손해보험에서 보장해 주는 내용이 서로 다른 특징이 있다. 생명보험의 사망보장 범위가 더 넓으며, 종신보험·정기보험 등 사망을 보장하는 전용 상품이 존재한다. 가장 유고에 대한 리스크는 생각보다 크고 따라서 이에 대한 대비는 반드시 필요하다. 예를 들어 가장 유고 시 최소 생활비가 2억 원이라면 해당 금액은 적절한 보험 상품을 통해 준비할 수 있다.

[사망보장의 범위(생명보험 vs 손해보험)]

사망을 보장하는 보험은 크게 종신보험과 정기보험으로 나뉜다. 종신보험은 피보험자가 사망할 때까지 평생을 보장하며, 사망 시 보험금을 지급하는 상품이다. 주로 가족의 생계, 상속, 장례비 등 장기적인 재정적 대비가 필요할 때 선택하는 것이 적합하다. 보험료는 정기보험에 비해 높지만 평생 보장이 제공된다는 점에서 차별성이 있다. 최근에는 연금 전환 기능이나 중대질병 보장 특약 등 다양한 기능이 결합된 종신보험 상품이 출시되는 추세다. 특히 최근 출시된 종신보험 중에는 향후 연금상품으로 전환할 수 있는 유연한 기능을 갖춘 상품도 있어 노후 생활 준비와 사망 보장을 동시에 고려할 수 있는 실용적인 선택지를 제공한다.

[종신보험 vs 정기보험 비교]

구분	종신보험	정기보험
보장 기간	평생 보장	일정 기간 보장
보험금 지급	사망 시 지급	기간 내 사망 시만 지급
보험료	높음	저렴함
주요 용도	상속, 장례비, 노후 대비	자녀 양육, 경제활동기 집중 보장
기타 특징	연금 전환, 특약 가능	순수형/환급형 선택 가능

반면 정기보험은 일정 기간(예: 20년, 30년 또는 80세 만기 등) 동안만 사망에 대한 보장을 제공하는 상품이다. 보험기간 내에 사망하면 보험금이 지급되지만 기간이 끝나면 보장이 종료되는 특징이 있다. 보험료가 종신보험에 비해 저렴해 경제활동기, 자녀 양육기 등 특정 시기에 집중적으로 보장이 필요한 경우에 적합하다.

사망보장보험 선택 시 고려사항은 다음과 같다. 종신보험은 평생 보장이 필요하거나 상속, 장례비 등 장기적 재정 목적이 있을 때 유리하다. 정기보험은 보험료 부담이 적고 경제적 책임이 큰 시기에만 보장이 필요할 때 효율적인 선택이다. 두 상품 모두 사망 시 보험금을 지급하지만 보험기간과 보험료, 활용 목적에 따라 선택 기준이 달라진다.

어떤 사망보장보험을 선택하든 중요한 것은 본인의 경제적 상황과 가족의 필요에 맞게 적절한 보장금액을 설정하는 일이다. 또한 건강 상태에 따라 보험료 할인 혜택을 받을 수 있는 상품을 선택하는 것도 현명한 방법이다. 무엇보다 내가 꾸준히 낼 수 있는 보험료 수준을 고려하여 장기적으로 유지 가능한 상품을 선택하는 것이 가장 중요하다.

가장의 유고는 가족의 경제적 기반을 크게 흔들 수 있는 심각한 리스크다. 특히 주 소득원이나 맞벌이 부부 중 한 명이 갑자기 사망할 경우 남은 가족은 생활비, 자녀 교육비, 주택담보대출 상환 등 복합적인 경제적 부담에 직면하게 된다. 이러한 상황에 대비하여 사망보장보험은 가족의 경제적 안전망 역할을 하는 필수 금융상품이다. 따라서 생명보험과 손해보험의 특성을 잘 이해하고 본인과 가족의 상황에 맞는 적절한 사망보장 상품을 선택하는 것이 중요하다.

'가장의 유고는 가족의 경제적 기반을
크게 흔들 수 있는 중요한 리스크이다.'

3-2. 3대 질병 보장: 암, 뇌질환, 심장질환

 3대 질병(암, 뇌혈관질환, 심장질환)은 현대인의 주요 사망 원인이자 고액의 치료비가 드는 질환으로 이에 대한 보장은 생활 보장 자산의 핵심이다. 통계에 따르면 이 3대 질병은 전체 사망 원인 중 상위를 차지할 만큼 우리 삶과 밀접한 위협 요인이다. 2024년 통계청이 발표한 2022년 암등록통계에 따르면 남성이 평생 암에 걸릴 확률은 37.7%, 여성은 34.8%로 남녀 모두 약 3명 중 1명은 암에 걸리는 것으로 나타났다.

[암종별 사망자 수]

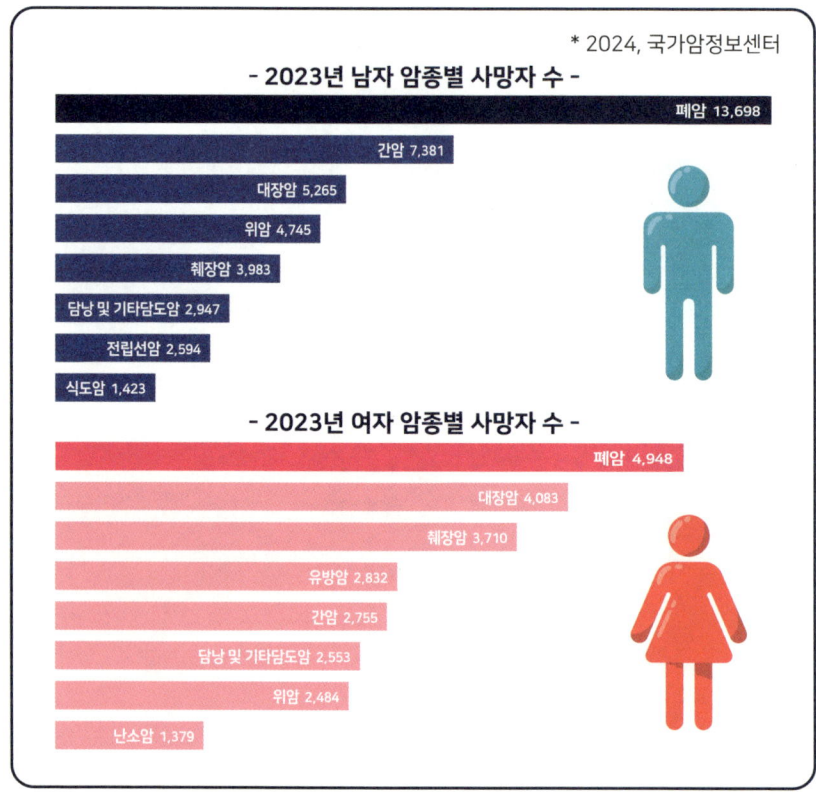

[3대 질병 진단비 요약]

항목	요약 내용
보장 방식	정액 지급
보장 권장	연소득의 2~3배 수준, 가족력·건강 상태 고려

 암 보장은 일반적으로 암 진단 시 일시금을 지급하는 형태로, 암의 종류와 진행 단계에 따라 보장 금액이 달라진다. 보험사는 암을 유사암, 소액암, 고액암, 일반암으로 분류하며, 치료비가 많이 드는 고액암은 다른 유형에 비해 진단비가 높게 설정된다. 일반적으로 암 진단금은 2년 치 연봉 수준으로 준비하는 것이 권장되며, 치료비, 간병비, 완치 후 생활비까지 고려해 보험금을 설정해야 한다.

[암 분류에 따른 보장 기준]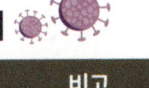

구분	암종류	비고
유사암	갑상선암, 제자리암, 경계성종양, 기타피부암	가입금액에 따라 지급
소액암	유방암, 자궁암, 방광암, 전립선암, 대장점막내암	회사별로 일반암 포함 여부 상이
일반암	유사암, 소액암을 제외한 기타 모든 암	가입금액에 따라 지급

※ 소액암은 유사암과 일반암의 중간 개념으로, 보험사마다 어디에 포함되는지가 다릅니다.

 뇌혈관질환 보장은 뇌출혈, 뇌경색, 뇌졸중 등 뇌혈관 관련 질환을 포괄한다. 조기에 발견하면 입원 치료 없이도 회복이 가능하지만 보장 범위는 최대한 넓게 선택하는 것이 유리하다. 뇌출혈 진단비보다는 뇌경색까지 포함된 뇌졸중 진단비, 나아가 뇌혈관질환 진단비까지 폭넓게 준비하는 것이 바람직하다.

심장질환 보장은 급성 심근경색증, 협심증, 허혈성 심장질환 등을 보장 대상으로 하며, 가입 방법에 따라 보장 범위가 달라진다. 급성 심근경색 → 특정 허혈성 심장질환 → 허혈성 심장질환 순으로 보장 범위가 넓어진다. 허혈성 심장질환은 협심증, 부정맥, 심근경색 등을 모두 포함하기 때문에 가장 넓은 보장을 원할 경우 추천된다.

[뇌혈관질환 보장 범위]

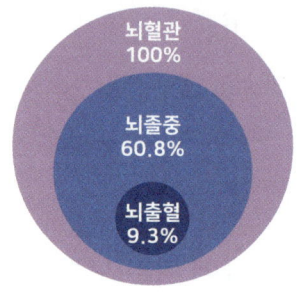

뇌혈관
100%

뇌졸중
60.8%

뇌출혈
9.3%

뇌혈관 질환
- I69 뇌혈관 질환의 후유증
- I68 달리 분류된 질환에서의 뇌혈관 장애
- I67 기타 뇌혈관 질환
- I64 출혈 또는 경색증으로 명시되지 않은 뇌졸중

특정 뇌혈관 질환
- I68.2 달리 분류된 기타 질환에서의 대뇌동맥염
- I68.1 달리 분류된 감염성 및 기생충성 질환에서의 대뇌동맥염
- I68.0 뇌아밀로이드혈관병증(E85)
- I67.7 달리 분류되지 않은 대뇌동맥염
- I67.6 두개내정맥계통의 비화농성 혈전증
- I67.5 모야모야병
- I67.1 파열되지 않은 대뇌동맥염
- I67.0 파열되지 않은 대뇌동맥의 박리

뇌졸중
- I66 뇌경색증을 유발하지 않은 대뇌동맥의 폐쇄 및 협착
- I65 뇌경색증을 유발하지 않은 뇌전동맥의 폐쇄 및 협착
- I63 뇌경색증

뇌출혈
- I62 기타 비외상성 두개내 출혈
- I61 뇌내출혈
- I60 지주막하 출혈

[심장질환(허혈성포함) 보장 범위]

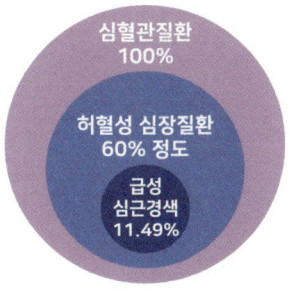

심혈관 질환
- I42, I43 심근병증
- I46.0 인공소생에 성공한 심정지
- I47~I48 부정맥
- I50 심부전
- I30~I33, I38, I40~I41 심장염증질환
- I06.0, I06.2, I35.0, I35.2 심장판막협착증

허혈성 심장질환
- I20 협심증
- I24 기타 급성 허혈성 심장질환
- I25 만성 허혈성 심장병

급성 심근경색
- I21 급성 심근경색증
- I22 속발성 심근경색증
- I23 급성 심근경색증에 의한 특정 현재 합병증

  3대 질병 진단비 보험의 큰 장점은 실제 진료비와 상관없이 정해진 금액을 보장받을 수 있다는 점이다. 예를 들어 진단비를 3,000만 원으로 가입하면, 실제 발생한 진료비가 100만 원이라도 보험사로부터 3,000만 원 전액을 받을 수 있다. 또한 실손(실비) 보험과 달리 중복 적용이 가능해 여러 건에 가입하면 질병 발생 시 경제적 부담을 크게 줄일 수 있다.

  3대 질병 진단비는 단순 치료비를 넘어 질병으로 인한 경제활동 중단 리스크에 대비하는 수단이 되기도 한다. 특히 암 등 중증 질환 발생 시 장기 치료와 회복으로 소득이 중단될 수 있는데 이때 진단비는 소득 공백을 메워주는 중요한 재정적 방어 수단이 된다.

최근에는 진단비뿐만 아니라 수술비, 입원비 등 치료 중심의 보장도 강화되고 있어 주요 치료비 항목까지 포함된 상품을 선택하는 것이 바람직하다.

결론적으로 3대 질병에 대해서는 가계 연소득의 2~3배 수준의 진단비 보장이 권장되며, 개인의 건강 상태, 가족력, 경제적 여건 등을 고려해 적정한 보장 수준을 설정하는 것이 중요하다. 또한 실손의료비 보험과 병행해 가입하면 진단비와 실제 치료비를 모두 보장받는 효과적인 대비가 가능하다.

3-3. 수술비 보험

　수술비 보험(특약)은 질병이나 상해로 인한 수술 시 정액형으로 보험금이 지급되는 보장 자산이다. 최근 실손보험료 인상과 실손보험의 자기부담금이 높아지는 상황에서 수술비 보험(특약)의 중요성은 갈수록 커지고 있다. 신의료기술의 발전으로 인해 수술비도 매년 증가하는 추세다. 건강보험심사평가원 자료에 따르면 다빈도 수술에는 백내장 수술, 제왕절개, 척추 수술, 치핵 수술, 담낭 절제술, 무릎관절 인공치환술 등이 포함된다. 각 수술별 보장 금액과 적용 범위가 어떻게 다른지 확인하는 것이 중요하다.

[인구 10만 명당 주요수술 건수 추이]

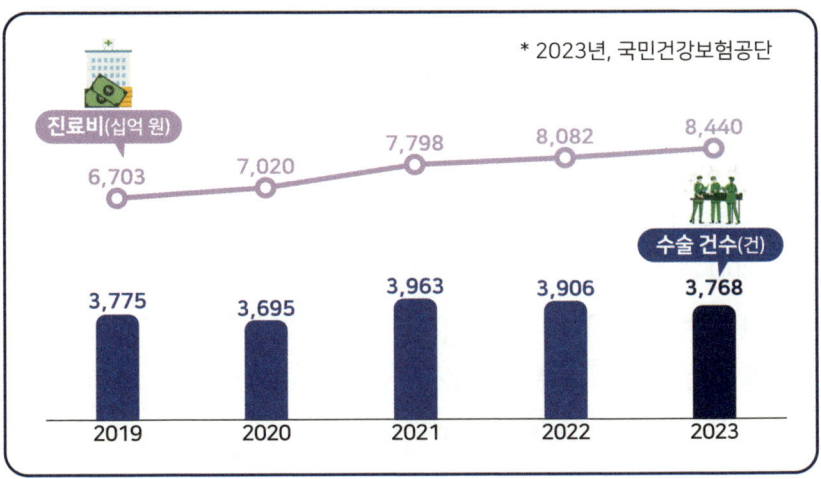

수술비 보험의 종류

　수술비 보험(특약)은 크게 질병/상해 수술비 특약, 종수술비 특약, N대 수술비 특약 등으로 구분된다. 특히 질병 수술비 특약은 질병으로 인해 필요한 수술을 광범위하게 보장하는 상품이다. 보장 범위가 가장 넓어 예상치 못한 다양한 질병에 대한 수술을 폭넓게 커버할 수 있는 장점이 있지만 보장 금액과 한도는 상대적으로 낮은 편이며, 동일 질병에 의한 동일 수술은 일반적으로 1회만 보장받는다는 단점이 있다.

종수술비 특약은 약관에서 정한 1~5종류의 특정 수술을 보장하는 상품이다. 일반적으로 수술의 난이도와 위험도에 따라 분류되며, 5종(심장 수술 등 고난이도 수술)부터 1종(간단한 수술)까지 등급을 나누어 차등 지급 방식으로 보장금이 설정된다. 예를 들어 5종 수술은 고액(예: 1,000만 원), 1종 수술은 소액(예: 20만 원) 등으로 설계된다. 종수술비 특약은 주요 질병 위주로 보장하므로 중대한 수술에 대해 높은 보장을 원할 때 유리하다. 다만 종수술비 역시 동일 질병에 의한 동일 수술은 보통 1회만 보장되며, 상품에 따라 반복 보장 여부가 다를 수 있으므로 약관 확인이 필수다.

N대 수술비 특약은 약관에서 지정한 N개(예: 119대, 144대 등)의 특정 질병 수술을 보장하는 상품이다. 질병 코드 기반으로 보장 여부가 결정되며, 수술 시마다 반복 보장이 가능한 것이 특징이다. 예를 들어 119대 질병 수술비 특약은 119개의 주요 질병에 대해 보장하며, 동일 질병이라도 수술이 반복되면 그때마다 보험금을 받을 수 있다(단, 일부 제한 있음). N대 수술비는 보장 범위는 종수술비보다 좁지만 반복 수술 보장에 특화된 상품으로 특히 재발 가능성이 높은 질병에 대비할 때 효율적인 선택이 될 수 있다.

수술비 보험의 종류

수술비 보장 보험을 준비할 때 다음 사항을 고려하여 준비하는 것이 좋다.

첫째, 보장 범위를 우선적으로 검토해야 한다. 넓은 보장을 원한다면 질병 수술비 특약이, 특정 고위험 질병에 집중하고 싶다면 N대 수술비 특약이 적합하다. 수술비 보험은 각 상품별로 특징이 다르기 때문에 본인의 상황에 맞춰 다양한 특약을 복합 설계하는 것이 효과적이다. 둘째, 보장 금액과 한도를 반드시 확인해야 한다. 질병 수술비는 일반적으로 한도가 낮은 편이므로, 고액 수술에 대비하려면 종수술비나 N대 수술비를 추가로 고려하는 것이 바람직하다. 또한 보험 상품 및 보험사마다 보장 한도와 조건에 차이가 있으므로 여러 상품을 비교 분석해보는 것이 좋다. 특히 종수술비 특약은 같은 질병에 대해 1회만 보장되는 경우와 반복 보장이 가능한 경우가 나뉘므로 해당 내용은 약관을 통해 확인하거나 보험 전문가의 설명을 듣는 것이 안전하다.

앞서 이야기한 대로 수술비 보험(특약)은 질병 수술비, 종수술비, N대 수술비를 적절히 조합하여 구성하는 것이다. 질병 수술비로 기본적인 수술을 광범위하게 보장하고, 종수술비나 N대 수술비로 고액 수술이나 반복 수술에 대한 보장을 강화하는 방식이 효과적인 방법이다. 이러한 복합적 구성은 수술 위험에 대한 종합적인 대비가 가능하게 하는 것이다.

[연도별 인구 10만 명당 주요수술 건수 추이]

* 2024, 국민건강보험공단
(단위: 건, %)

순위	구분	2019	2020	2021	2022	2023	전년대비 증감률	연평균 증감률 (2019~)
	계(34개 주요수술)	3,775	3,695	3,963	3,906	3,768	-3.5	0.0
1	백내장수술	1,305	1,329	1,476	1,390	1,204	-13.4	-2.0
2	제왕절개수술	580	554	559	575	555	-3.4	-1.1
3	일반척추수술	348	356	380	385	390	1.3	2.9
4	치핵수술	323	321	303	296	287	-3.0	-2.9
5	담낭절제술	160	163	175	177	183	3.2	3.5
6	슬관절 치환술	150	137	147	156	168	7.5	2.8
7	내시경 및 경피적 담도수술	103	110	145	151	161	6.3	11.7

3-4. CI/GI보험

CI 보험은 중대한 질병에 대비해 경제적 지원을 받을 수 있도록 설계된 보험 상품이다. 암, 뇌졸중, 심근경색과 같은 중대한 질병 진단 시 일정 보험금을 선지급해 치료비와 생활비를 충당할 수 있도록 돕는다. 이 보험은 사망보험금과 연계된 구조로 중대한 질병 발생 시 사망보험금의 일부를 선지급하고 남은 금액은 사망 시에 지급된다.

CI 보험이 보장하는 주요 질병은 보험사별로 정해진 기준에 따라 보험금이 지급된다. 중대한 암은 종양이 악성으로 발전해 신체 기능에 중대한 영향을 미치는 경우 보장 대상이 되며 초기 암이나 상피내암, 제자리암 등은 보장에서 제외될 수 있으므로 약관을 통해 정확한 범위를 확인해야 한다.

[CI보험 주요 보장 질병 정의 및 특징]

구분	핵심 보장 조건
중대한 암	악성 종양으로 신체에 큰 영향 시
중대한 뇌졸중	영구적 장애 동반 시 보장
중대한 급성 심근경색	흉통 + 심전도 + 효소 수치 모두 이상 시
CI보험의 장점	보험금 선지급, 생활·재활비 활용 가능

중대한 뇌졸중은 뇌혈관 질환으로 인해 급격한 혈류 차단이 발생하고 영구적인 신경학적 손상이 동반될 경우 보장되는 질병이다. 언어 장애, 운동 장애, 마비 등 일상생활에 지장을 줄 정도의 장해가 있어야 보장이 이루어진다. 단순한 뇌졸중 진단만으로는 보장되지 않는다.

중대한 급성 심근경색은 심장에 혈액 공급이 원활하지 않아 심장 조직이 손상되는 상태로 전형적인 흉통, 심전도 변화, 심근 효소 수치 상승 세 가지가 모두 나타나야 보장된다. 협심증이나 경미한 심근경색은 보장 대상에서 제외될 수 있으므로 명확한 보장 조건을 숙지해야 한다.

 CI 보험의 장점은 중대한 질병 발생 시 보험금 일부를 선지급받아 치료비와 생활비로 활용할 수 있고, 경제적 부담을 줄일 수 있다는 점이다. 또한 선지급되는 진단비가 사망보험금과 연계되기 때문에 높은 보장 금액 설정도 가능하다.

 다만 CI 보험의 보장 조건은 까다로운 경우가 많아 약관을 충분히 이해하는 것이 중요하다. CI 보험을 리모델링할 때는 현재 가입한 약관을 확인하고 기존 보장 조건을 충분히 파악해야 한다. 리모델링 후에는 보험료 부담이 현재 경제 상황에 적절한지 확인하고 보장 내용이 자신의 생활 패턴이나 건강 상태에 맞는지도 재평가해야 한다. 건강 상태가 변한 경우 새로운 보험 가입이 어려울 수 있어, 미리 보장 가능 여부를 확인하고 필요한 보장을 확보해두는 것이 바람직하다.

[CI보험 보장 조건 요약 – 중대한 뇌졸중]

단순 진단만으로 보장되지 않음! 아래 조건 "모두" 충족 필요

① 단계: 진단 코드 충족 (질병명 + 분류번호)

질병명	분류번호
질병지주막하출혈명	I60
뇌내출혈	I61
기타 비외상성 두개내 출혈	I62
뇌경색증	I63

→ 해당 코드 중 1개 이상 진단 필요

＋ 추가로 아래 2가지 조건도 동시에 충족해야 함

② 단계: 장해 요건
- ☑ 영구적 신경학적 손상
- ☑ 장해지급률 25% 이상 해당

③ 단계: 영상 진단 요건
- ☑ MRI 등으로 새롭게 발생한 병변 입증
- 🔍 발병 당시 병변이 새로 확인되어야 보장

[CI보험 보장 조건 요약 – 중대한 급성심근경색증]

단순 진단만으로 보장되지 않음! 아래 조건 "모두" 충족 필요

① 단계: 진단 코드 충족 (질병명 + 분류번호)

질병명	분류번호
급성심근경색증	I21

＋ 추가로 아래 2가지 조건도 동시에 충족해야 함

② 단계: 통증 증상 요건
- ☑ 진료기록부상 전형적인 흉통의 존재

③ 단계: 심전도 변화 요건
- ☑ 전형적인 급성심근경색 심전도 변화 (ST분절, T파, Q파 등)
  → 새롭게 출현한 것이어야 함

3-5. 후유장해 보장의 특성

후유장해란 상해나 질병으로 인해 치료가 종료된 후에도 신체적 또는 정신적으로 영구적인 손상이나 기능 상실이 남은 상태를 의미한다. 이는 사고로 인한 상해뿐 아니라 질병 치료 과정에서 발생한 후유증도 포함되는 개념이다. 후유장해 보험은 장해율(장해 정도의 비율)에 따라 보험금을 지급하는 특약으로 많은 보험 상품에 기본적으로 포함되어 있음에도 가입자가 인지하지 못하는 경우가 많다.

[후유장해 보장의 핵심]

후유장해 보장은 주관적 느낌이 아닌, **의사의 진단에 따라 보장 여부가 결정**되며, **수술 여부나 사고 시점과 관계없이** 인정될 수 있다는 점이 중요합니다.
또한, **중복 보상 가능성과 직접 청구 원칙**은 많은 분들이 놓치기 쉬운 핵심 요소입니다.

항목	내용
판단 기준	의사의 객관적 진단 필요
경미한 손상	디스크·골절도 포함 가능
지급 기준	사고일이 아닌 후유장해 진단일 3년 이내
청구 시한	진단일 기준 3년 이내
중복 보상	여러 보험에서 중복 청구 가능
청구 방식	반드시 가입자가 직접 청구

후유장해에서 보험금은 사고나 질병으로 인해 신체적 또는 정신적 장해가 발생했을 때 보험사가 지급하는 보상금이다. 보상금 청구는 일반적으로 사고 발생 후 6개월이 지난 시점에 장해가 확정된 경우 가능하며 과거 사고라도 후유장해 진단을 받은 날로부터 3년 이내에는 청구할 수 있다.

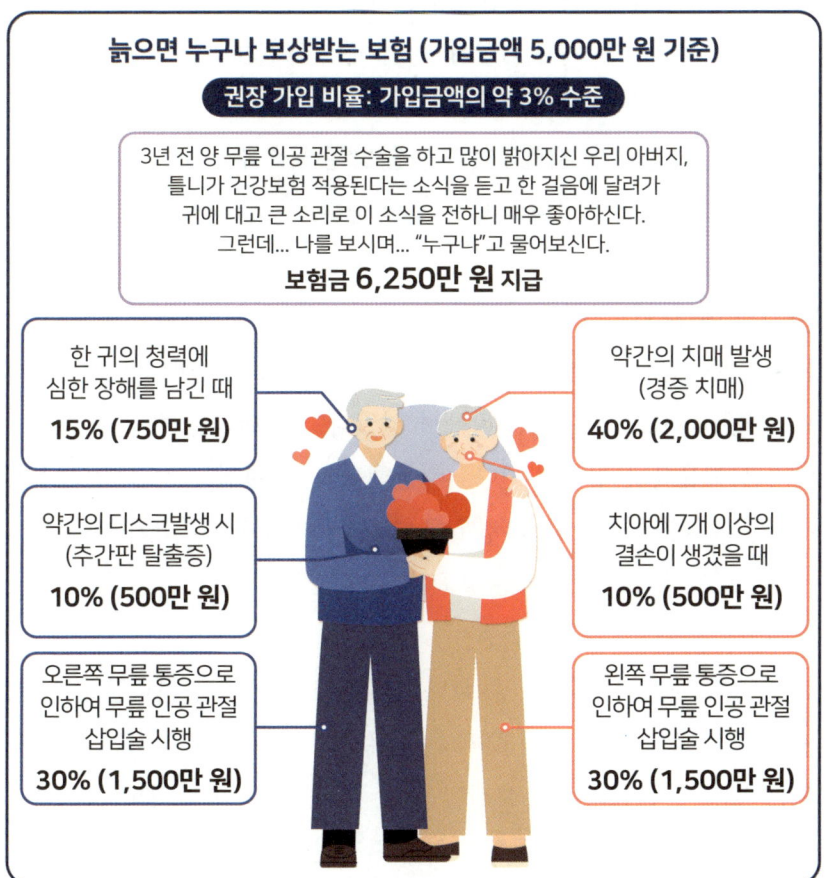

주목할 점은 경미한 손상도 후유장해로 인정될 수 있다는 사실이다. 빙판길이나 계단에서 넘어져 발생한 디스크 손상, 척추 골절 등도 후유장해에 포함될 수 있으며 5년, 10년 전 사고와 같은 오래된 후유증도 보상 청구가 가능하다. 또한 수술을 받지 않은 경우에도 후유장해로 인정될 수 있으며 특히 2018년 4월 이전에 가입한 보험의 경우 수술 여부와 관계없이 후유장해 인정 가능성이 더 높다.

후유장해 보상금을 청구하기 위해서는 우선 병원에서 후유장해 진단서를 발급받아야 한다. 가장 수월한 방법은 수술을 받았던 병원에서 진단서를 발급받는 것이지만 모든 의사가 신체 후유장해 감정에 전문적인 것은 아니다. 따라서 치료가 어느 정도 마무리된 후에는 대학병원의 정형외과, 신경외과, 재활의학과 등을 방문해 후유장해 진단 발급 가능 여부와 절차에 대해 상담을 받는 것이 좋다.

후유장해 보험금의 지급률은 보험 약관 뒤쪽에 명시된 '장해 기준 분류표'에 따라 결정된다. 보험회사는 의사의 소견을 바탕으로 신체적 또는 정신적으로 영구적인 장해가 남았다고 판단되면 해당 분류표에 따라 장해율을 산정하게 된다. 이 장해율이 곧 보험금 지급률이 된다. 후유장해 진단이 확정된 경우에 청구가 가능하며, 과거 사고라도 진단일로부터 3년 이내에는 청구할 수 있다.

후유장해 보상금의 특징 중 하나는 중복 보상이 가능하다는 점이다. 여러 보험에 가입되어 있고 각각 후유장해 보장이 포함되어 있다면, 모든 보험에서 중복으로 보상받을 수 있다. 또한 후유장해 보상금은 반드시 가입자가 직접 청구해야 하므로 자신이 어떤 장해에 해당하는지 정확히 파악하고 필요한 서류를 준비하는 것이 필수적이다.

[후유장해보험금 특약 종류]

| 질병/상해 후유장해 3% 이상 | 20% 이상 | 50% 이상 | 80% 이상 |

가입금액 X 장해분류표의 지급률 (%)

- 약간의 치매 - CDR척도 2점(40%)
- 뚜렷한 치매 - CDR척도 3점(60%)
- 심한 치매 - CDR척도 4점(80%)
- 극심한 치매 - CDR척도 5점(100%)

- 한 눈이 멀었을 때(50%) / 두 눈이 멀었을 때(100%)
- 한 눈 교정시력이 0.2~0.002 이하(5~35%)
- 한 눈의 안구 뚜렷한 운동 장해나 뚜렷한 조절 기능 장해를 남긴 때(10%)
- 한 눈의 시야가 좁아지거나 반맹증, 시야협착, 암점을 남긴 때(5%)
- 한 눈의 눈꺼풀 뚜렷한 결손 남긴 때(10%)
- 한 눈의 눈꺼풀 뚜렷한 운동 장해 남긴 때(5%)

- 두 귀의 청력 상실(80%)
- 한 귀 청력 상실, 다른 귀 청력장해(45%)
- 한 귀 청력장해(5~25%)
- 한 귀의 귓바퀴 결손(10%)
- 한 귀의 약간의 장해를 남긴 때(5%) [50cm 이상 거리에서 보통의 말소리를 알아듣기 힘들 때]

- 코 기능 완전히 잃었을 때(15%)

- 어깨뼈 / 골반의 뚜렷한 기형(15%)
- 빗장뼈 / 가슴뼈 / 갈비뼈의 뚜렷한 기형(10%)

- 치아 5개 이상의 결손(5%) / 7개 이상의 결손(10%)
- 치아 14개 이상의 결손(20%)
- 씹어먹기 / 말하기 장해(5~100%)

- 약간의 디스크(10%) / 뚜렷한 디스크(15%) /
- 심한 디스크(20%)
- 척추(등뼈)의 운동장해(10~40%) /
- 척추(등뼈)의 기형(15~50%)

- 심장, 폐, 신장, 혈액투석(평생), 간장 장기이식, 방광상실(75%)

- 비장, 한쪽의 신장 및 폐 절제, 인공항문을 설치한 경우(20%)

- 한 손의 손가락 모두 상실(55%)
- 첫째 손가락 상실(15%)
- 나머지 손가락 상실(+10%)
- 손목 이상 [두 팔 100% / 한 팔 60%]
- 한 팔에 3대 관절 중
- 1관절의 기능 (5~30%)
- 한 팔에 가관절이 남은 장해(10~20%)
- 한 팔의 뼈에 기형(5%)

- 위, 대장 또는 췌장 전부 절제, 소장, 간장 3/4 이상 절제(50%)

- 양쪽고환, 난소절제(50%)

- 고관절, 무릎관절,발목관절, 한쪽 인공관절 삽입(20%) 양쪽 인공관절 삽입(40%)

- 발가락 모두 상실(30%)
- 첫째 발가락 상실(10%)
- 나머지 발가락 상실(5%)
- 발가락뼈 일부를 잃었을 때(3%)
- 발목이상 [두 다리 100% / 한 다리 60%]
- 한 다리의 3대 관절 중 1관절의 기능 (5~30%)
- 한 다리에 가관절이 남은 장해(10~20%)
- 한 다리의 뼈의 기형(5%)
- 한 다리의 길이가 5cm 짧아진 때(30%)
- 한 다리의 길이가 3cm 짧아진 때(15%)
- 한 다리의 길이가 1cm 짧아진 때(5%)

※ 뇌졸중 등 신경계 질환은 발병 6개월 이후 평가
※ 신경계, 정신행동장해 중 상해를 입은 경우
※ 24개월 후 판정(의식불명 1개월 이상,
  ※ 지속은 18개월 이후)
※ 보험사마다 장해율 차이가 발생할 수 있음

3-6. 절대 해약하면 안 되는 보험 특약

보험상품 중에는 과거에 가입한 일부 상품이 현재 출시되는 상품들보다 훨씬 유리한 조건을 가지고 있어 가입자에게 매우 높은 가치를 지닌 경우가 있다. 이른바 '황금보험'이라 불리는 이 상품들은 한 번 해지하면 동일한 보장은 다시 받을 수 없거나 훨씬 비싼 보험료를 부담해야 할 가능성이 크다. 그렇다면 어떤 보험들이 '절대로 해지하면 안 되는 황금시대 보험'에 해당할까?

첫 번째는 2009년 10월 이전에 가입한 실손의료보험(실비보험)이다. 이 시기의 실비보험은 현재의 실손보험에 비해 훨씬 유리한 조건을 갖추고 있다. 병원 외래 진료 시 본인 부담금이 단 5,000원이며 입원 및 수술 시 본인 부담금이 전혀 없다는 점이 가장 큰 장점이다. 반면 현재 출시되는 실손보험은 외래 진료 시 3만 원과 급여 20%, 비급여 30%를 부담해야 하고, 입원 시에도 동일한 비율의 부담이 적용된다. 이러한 차이는 장기적으로 수백만 원에서 수천만 원에 이르는 의료비 격차로 이어질 수 있으므로 절대 해지해서는 안 되는 대표적인 황금보험이다.

두 번째는 2004년 10월 이전에 가입한 생명보험사의 수술비 특약이다. 이 시기의 상품은 1~3종 수술비 체계를 따르고 있으며 특히 치과 치료 관련 보장 범위가 지금보다 넓다. 예를 들어 임플란트 시술 중 '치조골 이식술'이 2종 수술비로 보장되는 경우가 있었다. 요즘의 수술비 보험은 치과 관련 수술에 대한 보장이 크게 축소되었거나 아예 제외된 경우도 많아 이 시기에 가입한 보험은 특히 40~50대에게 매우 가치 있는 자산이 될 수 있다.

[절대 해지하면 안 되는 특약 (생명보험 1종~3종 특약)]

증권번호	계약일	상품명	계약상태	조회일
		(무) PCA가디안	유지	2013-08-02
보장내용				지급금액
【무배당PCA가디안종신보험】				
【사망보험금】				
피보험자(보험대상자)가 사망 또는 동일한 원인으로 신체부위의 장해지급률을 더하여 80% 이상인 장해시				10,000,000원
【무배당PCA수술특약 I】				
질병 또는 재해로 수술시 (수술 1회당)				제1종수술 : 400,000원 제2종수술 : 1,000,000원 제3종수술 : 3,000,000원

3종 수술
- 근골의 수술
  - 골이식술: 골이식으로 외상으로 인한 결손손의 재건, 골융합의 전재 후의 교정, 선천성 골기형의 교정, 골결육과 교정을 취하여 두개골이나 늑골, 장골을 적합한 필요부위에 이식하여 주는 수술을 말한다.
  - 인공골이식술: 금속이나 다른 대체물질을 사용하여 인공뼈를 만들어 이식해 주는 2종 수술을 말한다.

3종 수술 가입 時 임플란트(골이식) 100만 원 지급

5종 수술
- 근골의 수술: 발행 등 뇌고정물 제거술을 제외함 / 치·치은·치근·치조골의 처치, 임플란트(implant) 등 **치과 처치 및 수술에 수반하는 것은 제외함**
- 골이식술: 골이식으로 외상으로 인한 골결손의 재건, 골종양의 절제 후의 교정, 선천성 골기형의 교정, 골결윤곽 교정을 위하여 두개골이나 늑골, 장골을 적출하여 필요한 부위에 이식하여 주는 수술을 말한다.

세 번째로 2000년도 이전에 가입한 고정 금리형 연금보험이 있다. 이 시기는 IMF 외환위기 시대로 금리가 5% 이상인 상품이 많았다. 요즘 같은 저금리 시대에 5% 이상의 고정 금리는 상상하기 어려운 수준으로 노후 준비에 있어 매우 큰 혜택을 준다. 특히 연금보험은 오래 유지되는 상품이므로 이런 높은 금리 혜택은 수십 년 동안 누적되어 노후 자금에 큰 차이를 만든다. 따라서 이 시기에 가입한 고정 금리형 연금보험은 어떤 경우에도 해지하지 말아야 할 소중한 자산이다.

[절대 해지하면 안 되는 황금시대 보험]

이 보험들은 과거 경제·의료 환경에서 가능했던 특별한 조건들을 담고 있어, 지금은 동일한 조건으로 절대 가입할 수 없습니다. **잠깐의 해지 결정이 수천만 원의 손해로 이어질 수 있기 때문에**, 반드시 유지 여부를 신중히 판단해야 합니다.

구분	가입 시기	핵심 혜택	현재 상품과의 차이점
실비보험	2009년 10월 이전	입원, 수술 시 본인부담금 없음	현재는 외래 3만 원 + 급여·비급여 본인 부담 발생
수술비 특약 (1~3종)	2004년 10월 이전	임플란트 등 치과 수술 보장	현재는 치과 수술 보장 거의 없음
고정금리형 연금보험	2000년 이전	연 5% 이상 고정 이율	현재는 저금리 상품으로 대체, 5% 불가능

앞서 언급한 보험들은 당시의 경제 상황, 의료 환경, 규제 체계가 지금과 달랐기에 가능했던 우수한 조건들을 담고 있다. 시간이 흐르면서 보험사들은 손해율 관리와 수익성 유지를 위해 보장 범위를 축소하고, 자기부담금을 늘리는 방향으로 상품을 개편해왔다.

따라서 과거에 가입한 이러한 보험을 보유하고 있다면 일시적인 자금 문제나 개인 사정으로 해지를 결정하기 전에 반드시 신중하게 검토해야 한다. 지금 새로 가입하는 보험으로는 동일한 조건을 얻기 어렵기 때문에 보유 중인 보험이 지닌 장기적 가치를 충분히 고려한 후 판단해야 한다.

3-7. 일상배상책임보험

현대 사회에서 우리는 일상 속 크고 작은 사고 위험에 항상 노출되어 있다. 아파트에서 발생한 누수로 이웃에게 피해를 주거나, 아이가 실수로 타인의 물건을 파손하거나, 반려동물이 타인에게 상해를 입히는 등 예상치 못한 사고는 언제든 발생할 수 있다. 이러한 사고는 막대한 배상 책임으로 이어져 경제적 부담을 초래할 수 있다. 일상배상책임보험은 이러한 위험에 대비해 가정의 재정적 안정을 지켜주는 안전망으로 현대 가정에 필수적인 보험이다.

보장 범위

일상배상책임보험은 일상생활에서 발생할 수 있는 우연한 사고로 타인에게 손해를 입혔을 때 법률상 배상 책임을 보장하는 보험이다. 이 보험은 피보험자 본인뿐만 아니라 가족 구성원이 일으킨 사고도 보장 범위에 포함된다. 주택 누수로 아래층에 피해를 준 경우, 반려동물이 타인을 다치게 한 경우, 타인의 물건을 실수로 파손한 경우, 자녀가 주차된 차량이나 공공기물을 훼손한 경우, 자전거로 보행자에게 상해를 입힌 경우 등 다양한 상황이 보장된다. 이러한 사고가 발생하면 보험사가 일정 한도 내에서 피해자에게 배상금을 지급한다.

일배책 상품 종류

　일상배상책임보험은 보장 대상의 범위에 따라 다양한 유형으로 구분된다. '일상생활배상책임보험'은 피보험자 본인과 배우자, 만 13세 미만 자녀를 보장 대상에 포함하는 기본형 상품이다. '가족일상생활배상책임보험'은 본인, 배우자, 자녀뿐 아니라 동거 중인 친인척까지 보장 대상에 포함되며 확대된 가족 구성원을 포괄하는 종합 보장형에 해당한다. '자녀일상생활배상책임보험'은 보장 대상이 자녀로 한정되며, 자녀의 우발적 사고로 인한 배상책임에 특화된 상품이다. 이처럼 각 가정의 구성과 필요에 맞춰 적절한 일상배상책임보험 유형을 선택할 수 있다.

[일상생활배상책임보험 주요 유형별 보장 범위]

보험 유형	보장 대상 구성
일상생활배상책임보험	본인(피보험자), 배우자, 만 13세 미만 자녀 포함
가족일상생활배상책임보험	본인, 배우자, 자녀, 동거 중인 친인척까지 확대
자녀일상생활배상책임보험	30세 이하 미혼 자녀

자기부담금

　일상배상책임보험은 보장되는 사고 유형에 따라 자기부담금 기준이 상이하다. 대인사고(사람에게 피해를 준 경우)는 자기부담금이 없어 손해액 전액이 보험금으로 지급되며, 대물사고(물건에 피해를 준 경우)는 일반사고는 20만 원, 누수사고는 50만 원의 자기부담금이 적용된다. 자기부담금은 시기에 따라 달라졌는데 2009년 8월 이전 가입자는 2만 원, 2009년 8월 이후 가입자는 일반사고 20만 원, 2020년 4월 이후 가입자는 일반사고 20만 원과 누수사고 50만 원으로 적용된다.

예를 들어 손해액이 30만 원이고 자기부담금이 20만 원인 경우 보험금 지급액은 10만 원이 된다. 반면 손해액이 자기부담금 이하일 경우 보험금 청구는 불가하며 전액 본인이 부담해야 한다. 자기부담금을 줄이거나 없애는 방법으로는 가족 구성원이 각각 개별 증권으로 일상배상책임보험에 가입하는 방법이 있다. 이 경우 동일한 사고에 대해 각자 보험금을 청구할 수 있으므로 예를 들어 피해액이 30만 원인 사고에서 가족 3명이 각각 가입되어 있다면 각자 10만 원씩 보상받아 자기부담금 없이 전액 보상 처리가 가능하다.

[사고별 자기부담금 2020.04 이후]

구분	자기부담금 기준
일반사고	20만 원 적용
누수사고	50만 원 적용 (주택 등에서 누수 발생 시)

[보험 가입 시기별 자기부담금 변화]

가입 시기	자기부담금 기준
2009년 8월 이전	2만 원
2009년 8월 이후	일반사고 20만 원
2020년 4월 이후	일반사고 20만 원 / 누수사고 50만 원 적용

3-8. 운전자보험/자동차보험

 운전 중 사고 발생 시 많은 걱정이 생기는 것이 현실이다. 자동차 보험과 운전자 보험은 비슷해 보이지만 실제로는 많은 차이가 있는 보험 상품이다. 이 두 가지 보험의 특징과 차이점을 알아보는 것이 중요하다.

자동차보험

 자동차 보험은 모든 차량 소유자가 의무적으로 가입해야 하는 보험이다. 이 보험은 교통사고로 다른 사람의 차량이나 신체에 피해를 주었을 때 그에 대한 보상을 제공하는 보험이다.

 자동차 보험 가입 시 고려해야 할 몇 가지 중요한 팁이 있다. 우선 대물 배상은 최대 한도인 10억 원으로 가입하는 것이 좋다. 대물 배상은 2천만 원, 2억 원, 10억 원 등의 한도 옵션이 있는데 2억 원과 10억 원 사이의 보험료 차이가 크지 않아 가급적이면 최대 10억 원으로 가입하는 것이 바람직하다. 고가의 차량이나 건물 등에 큰 피해를 입힐 경우를 대비하여 충분한 보장 한도를 설정하는 것이 현명하다.

 또한 자동차 상해 특약은 의무가입은 아니지만 반드시 고려해 볼 만한 특약이다. 자동차 상해는 치료비, 위자료, 휴업 손해까지 보장 가능한 특약이다. 자기 신체 사고는 상해 급수별 한도 금액 내 치료비만 보상되며, 과실 비율이 있으면 보상 금액이 차감되지만 자동차 상해는 상해 급수와 상관없이 한도 금액 내에서 치료비, 휴업 손해, 위자료까지 모두 보장된다. 따라서 더 포괄적인 보장을 원한다면 자동차 상해 특약 가입이 유리하다.

[자동차보험 주요 보장 항목 및 가입 시 고려사항]

보장 항목	내용 요약	가입 팁 및 유의사항
대물 보상	타인의 재산(차량·건물 등)에 대한 피해 보장	최대 한도(10억 원) 가입 추천
대인 보상	타인의 신체 피해에 대한 보장	의무 보장이며, 피해자 치료·합의금 보장
자기 차량 손해	본인 차량 손상에 대한 수리비 보장	차량 가치에 따라 필요 여부 판단
신체 손해	본인의 신체 상해에 대한 치료비 보장	자기신체사고 vs 자동차상해 특약 차이 확인
자동차상해 특약	치료비 + 위자료 + 휴업손해까지 종합 보장	포괄 보장을 원하면 필수 가입 고려

운전자 보험

운전자 보험은 운전자가 12대 중과실 사고를 내었을 때 자신을 보호하기 위한 보험이다. 형사적 책임이 있는 교통사고로 운전자가 가해자가 되었을 때 발생할 수 있는 형사처리 지원금, 벌금, 변호사 비용 등을 보장하는 역할을 한다. 따라서 운전자 보험도 의무가입은 아니지만 운전을 자주 하는 사람이라면 꼭 고려해야 한다.

운전자 보험의 주요 보장 항목은 다음과 같다. 첫 번째는 교통사고 처리 지원금으로 사고가 났을 때 필요한 비용을 지원해 주는 항목이다. 두 번째는 벌금/방어 비용으로 사고로 인해 발생할 수 있는 벌금을 보장해 주는 항목이다. 세 번째는 변호사 비용을 보장해 주는 항목이다.

특히 운전자 보험의 가장 중요한 특약은 교통사고 처리 지원금이다. 이 특약의 보장 범위와 내용은 지속적으로 개선되고 있다. 공탁금 선지급, 비탑승 중 사고 보장 등 특약에서 해당 보장이 가능한지 확인하고, 교통사고 처리 지원금 한도가 얼마로 가입되어 있는지 확인한 후 최고로 가입 가능한 금액만큼 가입하는 것이 12대 중과실 사고 발생 시 실질적인 혜택을 받는 방법이다.

[운전자보험 주요 보장 항목 및 특약 고려사항]

보장 항목	내용 요약	주요 확인 포인트
교통사고 처리지원금	사고 시 합의금, 공탁금, 처리비용 보장	공탁금 선지급 가능 여부, 보장 한도 확인
벌금	형사처벌 발생 시 벌금 보장	벌금 최대 보장 한도 확인 (예: 2천만 원 등)
변호사 선임 비용	교통사고 관련 법적 대응 위한 변호사 선임비용 보장	실제 지급 조건 및 지급 기준 확인
기타 특약(상품별)	비탑승 중 사고 보장, 무면허·음주 제외 여부 등	약관에 명시된 보장/제외 조항 꼼꼼히 검토

자동차 보험과 운전자 보험 비교

자동차 보험과 운전자 보험은 서로 다른 역할을 하지만 둘 다 운전자에게 중요한 보장 자산이다. 자동차 보험은 교통사고 시 주로 타인(대인/대물)을 위한 보장을 제공하는 보험인 반면, 운전자 보험은 12대 중과실로 형사적 책임이 발생할 때 운전자 본인을 위한 보험이다.

자동차 보험이 상대방에게 발생한 피해에 대한 보상을 주로 담당한다면, 운전자 보험은 운전자 본인이 겪을 수 있는 경제적·법적 위험을 보호하는 것이다. 특히 운전자 보험은 교통사고 처리 지원금을 통해 사고 발생 시 신속한 대응과 합의를 할 수 있도록 도와주는 역할을 한다.

요약하자면 자동차 보험의 경우 대물 배상 한도 10억 원 설정과 자동차 상해 특약 가입을 반드시 고려해야 하며, 운전자 보험은 교통사고 처리

지원금 한도를 최대한 높게 설정하여 가입하는 것이 바람직하다. 두 보험의 특성을 정확히 이해하고 가입하는 것이 교통사고 발생 시 생길 수 있는 리스크를 줄이는 방법이 되겠다.

[자동차보험 · 운전자보험 비교]

항목	자동차보험	운전자보험
의무가입여부	의무가입 상품	선택가입 상품
보장내용	대인배상, 대물배상	- 자동차보험에서 보장해주지 않는 11대 중과실 사고 보장 (음주, 무면허 사고는 제외) - 교통사고로 인한 형사적, 행정적 비용 보장 (교통사고 벌금, 교통사고합의금, 자동차사고변호사 선임비용 및 교통사고처리지원금 등)
가입기간	1년(매해 갱신)	20년 만기

운전자보험의 변천사와 업그레이드 필요성

운전자보험은 지난 몇 년간 교통사고 시 형사적 책임 강화라는 사회적 변화에 맞게 지속적으로 변화해왔다. 2018년 말, 변호사 선임비용이 기존 500만 원에서 2천만 원으로 대폭 상향된 것을 시작으로, 2019년에는 교통사고처리지원금이 최대 1억 원으로 확대되었다. 2021년에는 기존에 없던 6주 미만 경상 사고 보장 특약이 신설되었고, 2022년에는 형사공탁금 50% 선지급 특약이 도입되었다. 2023년에는 경찰 조사 단계부터 변호사 선임비용 보장이 가능해졌으며, 2024년에는 중대 과실로 인한 30주 이상 장해 사고에 대해 최대 2억 원까지 보장하는 특약이 추가되었다.

이러한 변화로 인해 2020년 이전에 가입한 운전자보험은 현재의 법적 요구사항과 사회적 변화를 충분히 반영하지 못하고 있어 업그레이드가 필요하다. 현재의 운전자보험은 보험료 변화가 크지 않으면서도 보장은 대폭 넓어진 구조이다. 1~2만 원대 보험료로도 교통사고처리지원금 최대 2억 원, 변호사 선임비용 최대 5천만 원, 대인 벌금 500만 원과 대물 벌금 3천만 원, 부상치료비 14급 기준 30만 원, 6주 미만 사고 보장 특약, 형사공탁금 50% 선지급 등의 포괄적인 담보 설계가 가능하다.

과거 가입한 상품과 비교하면 보장 내용이 질적으로 완전히 다른 수준이다. 그럼에도 불구하고 고객과 상담을 진행해 보면 많은 사람들이 과거 보험을 그대로 유지하고 있는 것이 현실이다.

운전자보험 업그레이드를 고려할 때 반드시 체크해야 할 포인트들이 있다. 먼저 가입 연도를 확인해야 하는데, 2020년 이전 가입자라면 반드시 점검이 필요하다. 보장 한도 측면에서는 교통사고처리지원금이 1억 미만이라면 갈아타는 것이 유리하다. 또한 변호사 비용이 경찰 조사 단계부터 보장되는지, 6주 미만 사고 보장 여부도 중요한 체크 포인트다.

운전자보험은 본질적으로 법과 제도의 변화 속도를 따라가야 하는 보험이다. 스마트폰이 주기적으로 업데이트되듯, 운전자보험 역시 정기적인 업데이트가 전제된 보험 상품이라고 할 수 있다.

[운전자 비용담보 변천사]

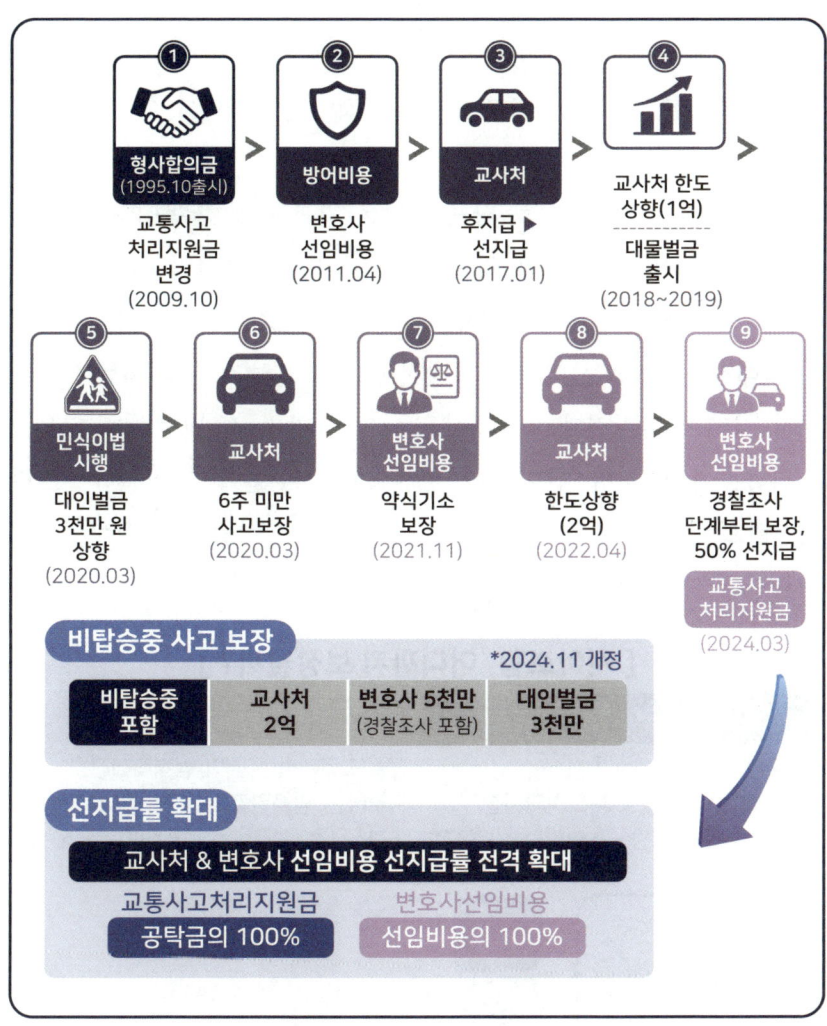

3-9. 치아보험

 치아보험은 치아 관련 질환 및 치료비를 보장하는 보험으로, 치과 치료 시 발생하는 고액의 의료비 부담을 경감시켜주는 중요한 금융상품이다. 치아 치료는 국민건강보험 적용 범위가 제한적이고 비급여 항목이 많아 개인의 경제적 부담이 큰 영역이므로 치아보험을 통해 치료비 부담 없이 필요한 처치를 받을 수 있도록 준비하는 것이 중요하다.

 치아보험에는 일반적으로 다음과 같은 기본 보장 항목이 포함된다. 스케일링은 치석 제거 및 잇몸 건강을 위한 기초적인 치과 처치로 정기적인 스케일링 비용을 지원한다. 충치 치료는 충치로 인한 충전 치료(레진, 아말감 등) 비용을 보장하며, 치료 방법과 사용 재료에 따라 보장 금액이 달라진다. 발치 비용은 치아 발치 시 발생하는 비용을 지원하는데 발치의 난이도에 따라 보장 수준이 달라진다. 또한 임플란트는 상실된 치아를 대체하는 고가의 시술로 치아보험에서 임플란트 시술비를 일부 보장한다.

[치아보험, 어디까지 보장될까?]

급여 항목	비급여 항목
- 종합구강검진 - 발치 - 치과 정기검진 - 파노라마사진 - 충치치료, 아말감 - 스케일링(치료목적)	- 골드 인레이, 온레이, 컴퍼짓레진 - **크라운, 임플란트, 브릿지, 틀니** - 교정, 미백치료 - 스케일링(치료목적 外)

치아보험 보장범위:
- 보철치료 → 임플란트, 브릿지, 틀니
- 보존치료 → 충전치료, 근관치료, 크라운

치아보험에서는 기본 보장 외에도 개인의 필요에 따라 다양한 특약을 선택할 수 있다. 교정 치료비 특약은 치아 교정에 필요한 비용을 지원하는 항목으로 교정 장치 설치 및 관리 비용이 포함된다. 틀니 및 브릿지 특약은 틀니 제작 및 브릿지 시술 비용을 보장하며 이는 특히 중장년층 이상에게 유용한 보장이다. 잇몸 치료비 특약은 치주염, 잇몸병 등 잇몸 질환 치료비를 지원하는 항목으로 치석 제거 이상의 심층적인 치료가 필요한 경우에 도움이 된다. 치아 재식술 특약은 외상으로 인해 치아가 손상되었을 때의 치료비를 보장하는 항목으로 사고나 외부 충격에 의한 치아 손상에 대비할 수 있다.

치아보험의 특약을 선택할 때는 현재 치아 상태가 중요한 고려 사항이다. 본인의 치아 건강 상태를 점검하고 필요한 치료 항목을 중심으로 특약을 선택하는 것이 효율적이다. 예를 들어 임플란트가 필요한 상태라면 임플란트 보장을 강화하는 것이 유리하다. 또한 생활 습관도 고려해야 한다. 음주, 흡연 등 치아에 영향을 줄 수 있는 습관을 가진 사람은 예방 중심의 보장을 강화하는 것이 좋다. 충치나 잇몸 질환의 발생 위험이 높은 경우 이에 대한 보장을 충분히 갖추는 것이 중요하다. 마지막으로 예산은 특약 선택의 중요한 기준이다. 특약 추가로 인해 보험료가 상승할 수 있으므로 자신의 예산 내에서 적절히 선택하는 것이 중요하다. 모든 특약을 포함하면 보험료 부담이 커질 수 있으므로 우선 순위를 정해 선택하는 것이 바람직하다.

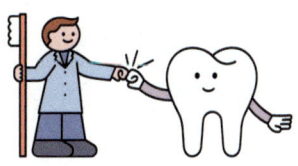

3-10. 간병보험

한국은 이미 65세 이상 노인 인구가 전체 인구의 14%를 넘어서는 '고령사회'에 진입했다. 통계청 자료에 따르면, 2025년에는 노인 인구 비율이 20%를 넘어서는 '초고령사회'에 진입할 것으로 전망된다.

[대한민국 65세 이상 고령인구 비율 전망]

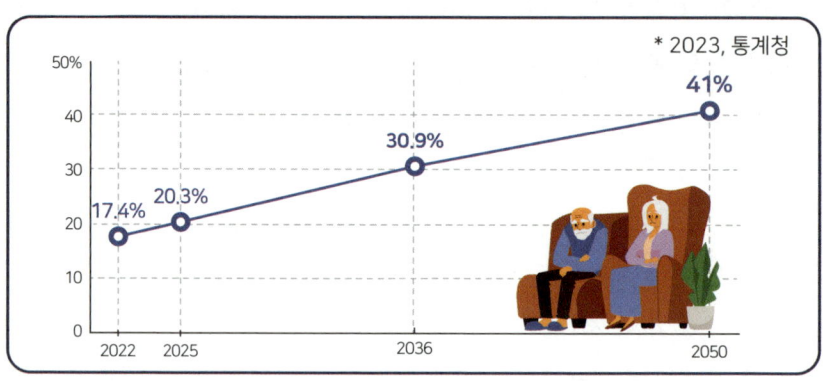

이러한 인구 구조의 변화는 의료 및 돌봄 서비스의 근본적인 패러다임 전환을 불러오고 있다. 과거에는 질병의 치료와 회복에 중점을 두었던 의료 중심의 관점에서 이제는 일상 속 간병과 요양 문제가 더 중요한 사회적 과제로 떠오르고 있다.

만성질환과 노인성 질환의 증가는 단순한 의료적 처치를 넘어 지속적인 돌봄의 필요성을 더욱 부각시키고 있다. 핵가족화, 1인 가구 증가, 여성의 사회 진출 확대 등으로 가족 내 노인 돌봄 인력이 줄어들면서 전문적인 돌봄 서비스에 대한 수요가 급격히 증가하고 있다. 이러한 사회적 변화 속에서 간병보험과 재가급여보험은 노년기 돌봄의 경제적 부담을 덜고 돌봄의 질을 높이는 중요한 수단으로 자리매김하고 있다.

  간병보험은 질병이나 노화로 인해 일상생활에 지장이 생겨 타인의 도움이 필요한 경우 간병 서비스 이용에 드는 비용을 보장하는 보험이다. 국민건강보험은 주로 의료비만을 보장하기 때문에 간병비는 대부분 개인이 부담해야 하는 실정이다. 65세 이상 노인 중 약 10%가 일상생활 수행에 어려움을 겪고 있으며 2022년 기준 노인장기요양보험 수급자는 약 85만 명에 달한다. 그러나 공적 요양보험만으로는 필요한 서비스를 전부 충당하기 어려워 추가적인 비용 부담이 불가피한 상황이다.

[간병인보험 지원일당 vs 사용일당]

간병인 지원 일당	특약형태로 가입	간병인 사용 일당
실제 간병인을 지원해 주는 특약	내용	간병인 고용 시 간병비를 지원해 주는 특약
전문 간병인 파견	지원	현금 지원
갱신주기 비교적 짧은 편 (3년 갱신)	갱신주기	갱신주기 긴 편 (15년, 20년 갱신) or 비갱신
30일 or 180일 (보험사마다 차이 있을 수 있음)	사용 가능 일수	1일~180일 / 181일~365일 (보험사마다 차이 있을 수 있음)
간병비용이 **상승하더라도** 실물 지원으로 해당 부분 해소	장점	간병인 지원 일당 대비 **저렴한 보험료**
- 48시간 전 미리 신청 - 간병인을 지원받지 못할 경우 **입원 일당을 지원**받음 (일정 금액 이하 시 가입 금액 일부만 지급)	유의점	- 병원 유형/연령에 따라 지급 금액이 달라짐 - 체증형간병특약도 존재(일부 보험사)

간병인 사용일당 특약은 가입자가 직접 간병인을 고용했을 때 하루 단위로 일정 금액의 간병비를 지급받는 방식이다. 이는 가장 기본적인 간병보험 형태로 입원 중이나 요양 중에 가족 또는 외부 간병인을 사용하는 경우에 유용하다. 이 특약의 장점은 간병인 선택의 자유도가 높다는 점에 있다.

간병인 지원일당 특약은 보험사가 제휴된 간병 업체를 통해 간병인을 직접 파견하고 그 비용을 보장해주는 구조이다. 이 특약의 가장 큰 장점은 가입자가 직접 간병인을 찾는 번거로움을 덜 수 있다는 점이다. 또한 인건비 상승에 따른 추가 부담이 없으며, 보험사와 제휴된 전문 간병 업체를 통해 품질이 검증된 서비스를 안정적으로 받을 수 있다는 이점도 있다.

노인장기요양보험은 노후 대비에서 반드시 고려해야 할 핵심 보험이다. 고령화가 빠르게 진행되면서 노인 인구 10명 중 1명이 장기요양보험 혜택을 받고 있을 정도로 그 중요성이 더욱 부각되고 있다.

장기요양보험은 스스로 생활하기 어려운 노인을 위해 신체 활동 및 가사 지원 서비스를 제공하는 사회보장 제도이다. 쉽게 말해 치매나 노화로 인해 도움이 필요한 어르신들에게 요양 서비스를 지원하는 제도이다. 국민건강보험과 함께 자동으로 보험료가 납부되며 장기요양 등급을 받은 분들은 재가급여(방문요양, 방문목욕 등)와 시설급여(요양원 등) 혜택을 받을 수 있다.

대한민국은 『사회보장기본법』을 바탕으로, 국민의 삶을 보호하고 향상시키기 위해 다양한 사회보장 제도를 운영하고 있다. 이는 사회보험, 공공부조, 사회서비스 등으로 구성되며 사회보험에는 국민건강보험, 노인장기요양보험, 국민연금, 고용보험, 산재보험 등이 포함된다. 이 중 건강과 관련된 사회보장 제도는 국민건강보험과 노인장기요양보험이다.

하지만 건강보험과 장기요양보험은 각각의 역할이 분명히 다르다. 건강보험은 질병의 진단, 입원, 재활 등 치료를 목적으로 하며, 모든 국민을 대상으로 병·의원과 약국에서 서비스를 제공한다. 반면 장기요양보험은 신체 활동 및 가사 지원과 같은 요양 서비스를 목적으로 하며, 장기요양 등급을 인정받은 자에게 재가 서비스 또는 요양시설을 통해 서비스를 제공한다. 즉 건강보험은 '병원 치료'를 위한 것이고 장기요양보험은 '일상생활의 돌봄'을 위한 것이다.

장기요양보험의 혜택을 받으려면, 장기요양 등급 심사를 통해 등급을 받아야 한다. 1등급은 누워서 생활(와상)하는 경우로 재가급여 또는 시설급여를 받을 수 있다. 2등급은 앉아서 생활 가능한(와상 전 단계) 경우로 재가급여 또는 시설급여를 받을 수 있다. 3등급은 휠체어 이동, 보행 시 도움이 필요한 경우로 주로 재가급여(예외적으로 시설급여 가능)를 받을 수 있다. 4등급은 지팡이 사용이 가능한 경우로 재가급여를 받을 수 있다. 5등급은 스스로 보행이 가능한 경우로 재가급여를 받을 수 있다. 인지지원등급은 인지 저하로 보호 및 관리가 필요한 경우로 주야간 보호급여를 받을 수 있다. 등급별로 혜택이 다르기 때문에 본인의 상태에 맞는 등급을 정확히 받는 것이 중요하다.

[장기요양등급별 급여 서비스 제공 현황]

1등급	2등급	3등급	4등급	5등급	인지지원등급
시설급여 또는 재가급여 치매 가족 휴가제 중 종일 방문요양		재 가 급 여			주·야간 보호급여
특별 현금급여(가족요양비)					
치매 가족 휴가제 중 단기보호급여, 기타 재가급여(복지용구)					

※ 특별 현금급여 등 시설/재가급여 이외 비용은 보상하지 않습니다.

장기요양보험은 국가 지원을 받지만 본인 부담금도 발생한다. 재가급여와 시설급여로 나뉘며 사용량에 따라 보험금이 지급된다. 2025년 기준으로 재가급여 자기부담금(일반 대상자 기준)은 등급에 따라 다르며 1등급의 경우 재가급여 월 한도액은 2,306,400원이고 본인 부담금은 345,960원(15%)이다.

시설급여 자기부담금(일반 대상자 기준, 30일 기준)도 등급에 따라 다르며 1등급 기준 노인요양시설 월 급여액은 2,713,500원이고 본인 부담금은 542,700원(20%)이다. 시설급여를 받는 경우에는 급여 외에 식사비(1일 약 7,200원), 이·미용비, 상급실 이용료 등 비급여 항목이 월 평균 약 40만 원 내외로 추가되며 연간 총비용은 약 1,100만 원 이상이

[본인부담금]

* 2023. 1. 1. 기준, 국민건강보험공단

구분	일반 대상자	40% 경감 대상자	60% 경감 대상자/ 기타 의료급여 수급권자	「국민기초생활보장법」에 따른 의료급여 수급자
재가급여	15%	9%	6%	면제
시설급여	20%	12%	8%	
복지용구	15%	9%	6%	

될 수 있다.

 장기요양보험 이용에 있어서 참고해야 할 사항 중 하나는 요양원과 요양병원의 지원 혜택이 다르다는 점이다. 요양원은 『노인복지법』에 근거하여 노인장기요양보험을 재원으로 하며 장기요양 등급 인정자를 대상으로 한다. 의사가 필수적으로 있지 않아도 되며 본인 부담금은 20%이다. 반면 요양병원은 『의료법』에 근거하여 국민건강보험을 재원으로 하며 질병 치료가 필요한 자를 대상으로 한다. 의사가 상주해야 하며 본인 부담금은 100%이다. 요양원이 생활 지원 중심이라면 요양병원은 치료 중심이다. 요양병원은 건강보험 적용이 되지 않아 비용 부담이 크다.

 장기요양보험은 국가에서 운영하는 좋은 제도이지만 본인 부담금이 발생하기 때문에 이를 대비할 수 있는 민영보험을 함께 준비하는 것이 필요하다.

 재가급여/시설급여 보험, 치매보험, 간병인 보험도 각각 특징이 다르다. 장기요양보험은 장기요양 등급 1~5등급 인정 시 보장되며 보험료가 비교적 낮고 연금처럼 매달 지급 가능하다는 장점이 있지만 상대적으로 비싼 보험료가 단점이다. 치매보험은 치매 진단 시 보장되며 진단 시 일시금을 지급받는다는 장점이 있지만 경도 치매 보장이 낮다는 단점이 있다. 간병인 보험은 간병인 사용 시 보장되며 보험 기간 보장 및 지원 한도를 제공한다는 장점이 있지만 요양병원 및 재가요양 보장이 불가능하다는 단점이 있다.

3-11. 화재보험

　최신 화재보험은 화재뿐만 아니라 누수, 도난, 배상까지 보장하는 종합적인 내용을 담고 있다. 화재보험은 단순히 화재 사고에만 대응하는 보험이 아니다. 최근에는 집 안에서 발생할 수 있는 다양한 위험까지 함께 보장하는 상품들이 많아졌다. 예를 들어 급배수 시설 누수, 12대 가전제품 수리 등은 해당 특약에 가입할 경우 화재보험을 다양한 형태로 활용할 수 있다.

[화재보험의 보장 범위]

보장 항목	설명
화재 피해	전통적 보장 항목
급배수 시설 누수	내 집 피해 및 이웃 피해 포함
도난	도난 사고에 대한 보장 포함 가능
법적 배상 책임	이웃집 피해 보상 (화재, 누수 등)
가전제품 고장 수리	TV, 냉장고 등 주요 가전 12종 수리 비용 보장

　최근 아파트 누수 사고가 많이 발생하면서, 급배수 시설 누수 피해에 대한 보장은 중요한 부분이다. 누수 사고는 내 집에도 피해를 주지만 아랫집에도 큰 피해를 줄 수 있는 것이다. 따라서 완전한 보장을 위해서는 '급배수 누출 손해 특약'과 '일상생활 배상책임보험' 두 가지 특약을 모두 가입하는 것이 좋은 방법이다. 급배수 누출 손해 특약은 내 집 피해 보상용이며 일상생활 배상책임보험은 아랫집 등 타인 피해 보상용이다. 특히 아파트나 다세대 주택에 사시는 분들은 누수 문제가 더 자주 발생할 수 있으니 두 특약을 모두 체크해 보는 것이 필요하다. 화재보험 가입 시 이 두 가지 특약이 포함되어 있는지 꼼꼼히 확인하면

갑작스러운 누수 사고에도 경제적 부담을 크게 줄일 수 있다.

[누수 사고 대비를 위한 2대 핵심 특약]

누수 사고는 내 집뿐 아니라 아랫집에도 피해를 줍니다. **'내 집 보상용'** **급배수 특약**과 **'이웃 보상용' 일상배상 특약**을 함께 가입해야 보장이 완성됩니다. 특히 아파트 거주자라면 이 조합은 사실상 필수입니다.

특약명	보장 대상	보장 내용
급배수 누출 손해 특약	내 집 피해	바닥·벽 손상, 가전·가구 침수, 마루 철거, 누수 탐지 비용 등
일상생활 배상 책임 보험	이웃집 피해	아랫집 천장·가구 등 재산 피해, 피해 확산 방지를 위한 긴급 수리 비용 등

급배수 누출 손해 특약은 우리 집 안의 수도관, 배관, 배수 시설 등에서 누수가 발생해 내 집이 피해를 입었을 때 보상해 주는 특약이다. 이 특약은 화재보험에 추가로 가입할 수 있는 것이다. 이 특약으로 보상받을 수 있는 것들은 누수로 인한 바닥, 벽, 천장 피해, 가구나 가전제품 등 가재도구의 침수 피해, 누수 탐지 비용, 마루나 장판 철거 및 피해 부위 교체 비용, 추가 피해를 막기 위한 긴급 조치 비용 등이다. 하지만 누수의 원인이 된 배관 자체의 수리나 교체 비용은 보상에서 제외되는 경우가 많다. 또한 건물이 너무 오래된 경우에는 이 특약 가입이 제한될 수도 있으므로 주의해야 한다.

일상생활 배상책임보험(일배책)은 우리 집의 누수로 인해 아랫집이나 옆집 등 다른 사람의 재산에 피해를 줬을 때 법적 배상 책임을 보장해 주는 보험이다. 이 보험으로 보상받을 수 있는 것들은 내 집 누수로 인한 아랫집 천장, 벽, 가구 등의 피해, 아랫집 피해를 막기 위한 긴급 수리 비용 등이다. 임대주택에 살고 있더라도, 내가 살고 있는 동안 발생한 사고는 보상이 가능하다. 그러나 내 집만 피해를 입은 경우나 공용 부분(옥상, 복도 등)에서 발생한 누수로 인한 피해는 일배책으로 보상받기 어려울 수 있다.

이웃집 피해에 대한 배상 책임도 중요한 부분이다. 화재는 한 번 발생하면 자신의 재산 피해뿐만 아니라 이웃에게도 막대한 손해를 끼칠 수 있는 재난이다. 우리나라는 주거 공간의 밀집도가 높아 화재가 발생하면 순식간에 옆으로 번져 주변 건물에 피해를 주는 경우가 많다. 이러한 피해는 직접적인 화재 손해뿐만 아니라 소방 진압 과정에서의 침수 피해나 임시 거처 마련을 위한 비용 등 다양한 형태로 발생한다.

2009년 『실화책임에 관한 법률』 개정 이후 화재 발생의 고의성이 없더라도 과실의 경중에 관계없이 실화자가 손해배상 책임을 지게 되었다. 소방청 통계에 따르면 2022년 발생한 전체 화재의 49%가 '부주의'에 의한 것으로 실수로 불을 낸 경우라도 책임을 면할 수 없다. 이러한 배상 책임에 대비하기 위해서는 화재보험이 필수적이다. 특히 화재배상책임 특약은 화재로 인해 타인의 사망이나 부상, 재물 손괴에 대한 법률상 배상 책임을 보장해 주는 특약이다. 그러나 단독주택, 다가구 주택 등은 의무보험이 아닌 탓에 보험 가입률이 저조한 상황이다.

12대 가전제품 수리 특약은 우리 집에서 사용하는 소중한 주요 가전제품이 고장 났을 때 큰 도움이 되는 특약이다. 이 특약은 TV, 냉장고, 세탁기, 에어컨, 전자레인지, 청소기, 공기청정기, 식기세척기, 컴퓨터, 노트북, 전기오븐, 의류건조기 등 12가지 주요 가전제품에 대한 수리비를 보장해 주는 것이다. 주택 화재보험 등에 추가로 가입할 수 있는 이 특약은 공식 AS센터에서 실제로 수리한 비용을 보장해 줘서 갑작스러운 가전 고장에도 경제적 부담을 덜 수 있다.

12대 가전제품 수리 특약으로 보상받으려면 몇 가지 조건이 있다. 반드시 공식 국내 AS 지정점에서 수리해야 하고 제조일로부터 10년을 초과하지 않은 제품이어야 하며 보험에 가입한 후 60일(면책기간)이 지난 뒤 발생한 고장만 보상받을 수 있다. 또한 제조사의 보증 기간이 지난 후 전기적·기계적 원인으로 고장 난 경우에만 해당된다. 이 특약은 값비싼 가전제품의 수리비 부담을 크게 줄여 주어 가계 경제에 도움을 주는 유용한 보장이다.

보험금 청구는 사고 발생 시 현장 사진과 영상 등을 확보하고 보험사에 바로 연락해 사고를 접수하는 것이 중요하다. 수리 전에 손해사정인이나 보험사에서 현장 확인을 받은 후 수리 견적서, 세부 피해 내역, 영수증 등을 준비해 보험사에 관련 서류를 제출하고 보험금을 청구하는 과정을 거친다. 누수 사고의 경우 원인 규명이 중요한 만큼 먼저 수리하지 말고 보험사의 현장 확인을 받는 것이 우선이다.

[보험금 청구, 이렇게 진행하세요!]

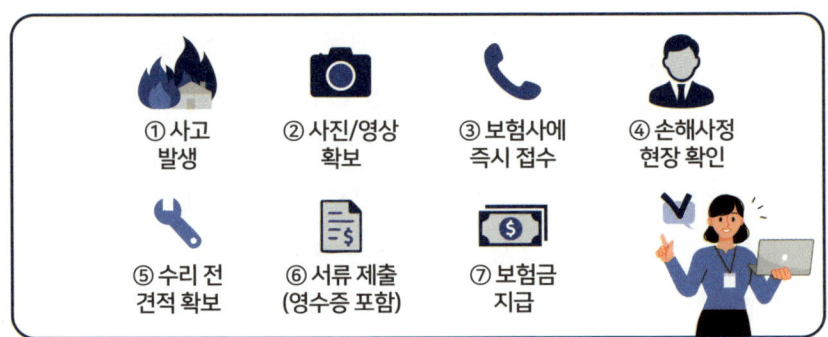

① 사고 발생
② 사진/영상 확보
③ 보험사에 즉시 접수
④ 손해사정 현장 확인
⑤ 수리 전 견적 확보
⑥ 서류 제출 (영수증 포함)
⑦ 보험금 지급

화재보험은 단순히 화재 피해만 보상해 주는 것이 아니라 누수 사고, 12대 가전제품 고장, 이웃집 피해 배상까지 다양한 위험을 커버해 주는 종합적인 보험으로 활용 가능한 상품이다. 특히 공동주택에 사는 분들은 누수와 이웃 배상 문제가 빈번하게 발생하기 때문에 급배수 누출 손해 특약과 일상생활 배상책임보험 특약을 반드시 함께 가입하는 것이 좋은 방법이다.

[12대 가전제품 수리 특약 보상 기준]

보장 항목	설명
보장 대상	TV, 냉장고, 세탁기, 에어컨, 전자레인지, 청소기, 공기청정기, 식기세척기, 컴퓨터, 노트북, 전기오븐, 의류건조기 (총 12종)
보장 조건	국내 공식 AS센터에서 수리한 실제 수리비
보상 범위	전기적, 기계적 고장에 한함
면책 기간	보험 가입 후 60일 이후 발생한 고장만 보장
보장 기간	제조일로부터 10년을 초과하지 않은 제품만 해당

3-12. 펫보험

 펫보험은 반려동물의 건강과 안전을 위한 금융 상품으로 기본적으로 질병과 상해로 인한 치료비를 보장하는 보험이다. 대부분의 펫보험은 기본 계약과 다양한 특약으로 구성되어 있어 반려인의 필요에 따라 보장 범위를 조절할 수 있다. 한국소비자원의 권고에 따르면 펫보험 가입 시 기본 계약과 특약의 내용을 정확히 이해하고 선택하는 것이 매우 중요하다.

 펫보험의 특약은 기본 계약 외에 추가로 선택할 수 있는 보장 옵션이다. 주요 특약에는 다양한 종류가 있는데 배상책임 특약은 반려동물로 인해 제3자에게 신체 상해나 재물 손해를 입혔을 때 보상해 준다. 예를 들어 반려견이 타인을 물어 상해를 입혔을 경우 이 특약을 통해 보상을 받을 수 있다.

[펫보험 특약 종류 한눈에 보기]

- ☑ **배상 책임 특약:** 반려견이 사람을 물었을 때 보상
- ☑ **장례 비용 특약:** 화장, 매장 등 장례비
- ☑ **슬관절 특약:** 대형견 슬개골 탈구 치료
- ☑ **피부병 특약:** 피부염, 알레르기 등 치료
- ☑ **구강 질환 특약:** 치석, 치주염 등
- ☑ **반려동물 찾기 특약:** 유실 시 포스터·위치추적비
- ☑ **보험료 납입 면제 특약:** 보호자 중대 질병 시
- ☑ **애견 유치원 특약:** 유치원 비용 일부 보장

Part 1. 보장성보험

장례비용 특약은 반려동물이 사망했을 때 발생하는 화장, 매장, 수목장 등의 장례 비용을 보장한다. 슬관절 특약은 특히 대형견에게 흔한 슬개골 탈구 등 슬관절 질환에 대한 치료비를 보장하며, 피부병 특약은 반려동물에게 자주 발생하는 각종 피부병에 대한 치료비를 보장한다.

구강질환 특약은 치석, 치주염 등 구강 관련 질환의 치료비를 보장하고 반려동물 찾기 지원 특약은 반려동물을 잃어버렸을 때 찾는 데 드는 비용을 지원한다. 보험료 납입면제 특약은 보험 계약자가 장애 또는 심각한 질병에 걸렸을 때 이후의 보험료 납입을 면제해주며, 일부 보험사에서는 애견유치원 특약을 제공하여 애견유치원 이용 시 발생하는 비용의 일부를 보장하기도 한다.

이러한 특약들은 보험사마다 제공 여부와 세부 내용이 상이할 수 있으므로 가입 전 꼼꼼히 확인하는 것이 중요하다. 금융감독원도 소비자들에게 펫보험 가입 시 특약의 내용을 자세히 살펴볼 것을 권고하고 있다.

펫보험의 보장 범위는 크게 질병과 상해로 나눌 수 있다. 대부분의 펫보험은 이 두 가지를 기본으로 보장하며 세부적인 보장 내용은 매우 다양하다.

질병 보장은 반려동물이 걸릴 수 있는 다양한 질병에 대한 치료비를 보장한다. 주요 보장 질병에는 위장염, 신부전, 간질환 등의 내과적 질환, 종양, 골절 등의 외과적 질환, 파보바이러스, 켄넬코프 등의 전염성 질환, 피부염, 알레르기 등의 피부 질환, 백내장, 녹내장 등의 안과 질환, 그리고 치주염, 치아 골절 등의 치과 질환이 포함된다.

그러나 보험사마다 보장하는 질병의 범위가 다를 수 있으며 일부 유전성 질환이나 기왕증(이미 있던 질병)은 보장에서 제외될 수 있다. 한국소비자원의 조사에 따르면 대부분의 펫보험이 기왕증을 보장하지 않기 때문에 가입 전 반려동물의 건강 상태를 정확히 파악하는 것이 중요하다.

상해 보장은 사고로 인한 반려동물의 신체적 손상에 대한 치료비를 보장한다. 주요 보장 상해에는 교통사고로 인한 상해, 낙상이나 추락으로 인한 상해, 다른 동물과의 싸움으로 인한 상해, 이물질 섭취로 인한 상해, 화상이나 감전으로 인한 상해, 그리고 중독으로 인한 상해 등이 포함된다. 상해 보장의 경우 대부분의 펫보험이 비교적 광범위하게 보장하고 있지만 반려인의 고의나 중대한 과실로 인한 상해는 보장에서 제외될 수 있다.

[질병 vs 상해 보장 차이 비교]

항목	질병 보장	상해 보장
예시 질환	위장염, 간질환, 종양, 치주염 등	교통사고, 낙상, 이물 섭취, 감전 등
발생 원인	자연 발생, 감염 등	외부 사고나 충격
보장 제외	유전질환, 기왕증 등	보호자 과실로 인한 사고

기본적인 질병과 상해 보장 외에도 펫보험은 검진 비용, 예방접종 비용, 중성화 수술 비용, 입원 비용, 약제비, 보조기구 비용 등 다양한 항목을 보장할 수 있다. 검진 비용은 일부 보험상품에서 정기 건강검진

비용의 일부를 보장하고 예방접종 비용은 주요 예방접종 비용을 보장하는 상품도 있다. 중성화 수술 비용은 중성화 수술에 대한 비용을 보장하는 특약을 제공하는 보험사도 있으며 입원 비용은 질병이나 상해로 인한 입원 시 발생하는 비용을 보장한다. 약제비는 처방된 약물에 대한 비용을 보장하고 보조기구 비용은 휠체어나 보조기 등 필요한 보조기구 구입 비용을 보장하는 경우도 있다.

펫보험에는 보장되지 않는 항목들도 존재한다. 일반적으로 기왕증 또는 이미 발생한 질병, 임신, 출산, 제왕절개 등 번식과 관련된 비용, 미용 목적의 수술이나 치료, 반려인의 고의나 중대한 과실로 인한 손해, 전쟁, 천재지변 등으로 인한 손해, 유기나 유실로 인한 손해, 불법적인 목적으로 반려동물을 이용하다 발생한 손해 등은 보장에서 제외된다. 금융감독원은 소비자들에게 펫보험 가입 시 이러한 보장 제외 사항을 꼼꼼히 확인할 것을 권고하고 있다.

[펫보험 청구 시 보장 한도와 자기부담금]

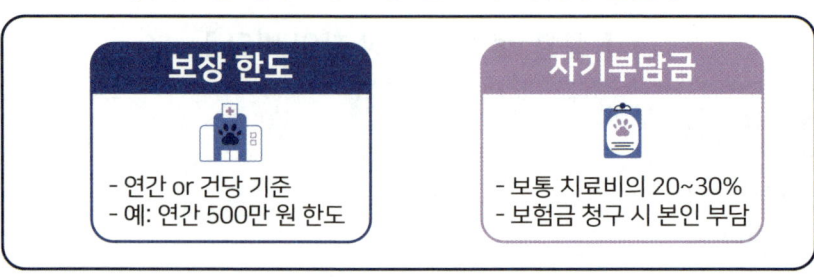

펫보험의 보장 범위를 이해할 때 보장 한도와 자기부담금에 대해서도 알아야 한다. 보장 한도는 대부분의 펫보험이 연간 또는 건당 보장 한도를 설정하고 있으며, 예를 들어 연간 500만 원까지 보장하는 식이다.

자기부담금은 보험금 청구 시 반려인이 부담해야 하는 금액으로 일반적으로 치료비의 20~30% 정도를 자기부담금으로 설정한다. 이러한 한도와 자기부담금은 보험료에 영향을 미치므로 자신의 경제적 상황과 반려동물의 건강 상태를 고려하여 적절히 선택해야 한다.

 펫보험의 특약과 보장 범위는 매우 다양하며 보험사마다 차이가 있다. 따라서 펫보험 가입을 고려할 때는 여러 보험사의 상품을 비교해 보고 자신의 상황에 가장 적합한 상품을 선택해야 한다. 특약의 내용을 자세히 살펴보고 필요한 특약만 선택하여 불필요한 보험료 지출을 줄이는 것이 중요하다. 또한 보장 제외 사항을 꼼꼼히 확인하여 예상치 못한 상황을 방지하고 보장 한도와 자기부담금을 고려하여 적절한 보장 수준을 선택해야 한다.

4장. 실손 의료비, 계약 전환 고민

4-1. 실손보험 변천사: 세대별 보장 차이에 대한 이해

실손의료보험은 시간이 흐르면서 여러 차례 개편되어 총 4개의 세대로 나뉘게 되었다. 각 세대마다 보장 범위, 자기부담금, 갱신 주기 등이 달라 가입 시기에 따라 보장 내용에 큰 차이가 있다.

1세대 실손보험은 2009년 7월 30일 이전에 가입한 상품으로 '구 실비보험'이라고도 불린다. 이 시기 상품은 입원과 통원 치료비를 거의 100% 보장해 주고 자기부담금도 거의 없어 병원비를 대부분 돌려받을 수 있었다. 하지만 보험사마다 약관이 달라 보장 한도와 만기가 제각각이었다. 지금은 판매되지 않지만 이미 가입한 사람들은 처음 조건대로 유지할 수 있어 매우 유리하다. 다만 갱신 시 보험료 인상폭이 커서 유지 부담이 크다는 단점이 있다.

[구 실손보험 보장 요약]

가입시기	~2009년 7월 30일
갱신주기/만기	5년/100세(손보), 3년/80세(생보)
보장비율	100%(손보)/80%(생보)
입원 보상 한도	3천/5천/1억 회사별 상이 상해의료비 100~1,000만

통원 보상 한도	10만~50만 (본인부담금: 외래+처방 합산 5천 원 공제) 상해의료비: 100만~1,000만(자부담X)
보장기간	입원: 365일/통원: 365일 이내 30회 상해의료비: 180일
면책기간	상해: 반복보장 불가/질병: 180일

2세대 실손보험은 2009년 10월부터 2017년 3월까지 판매된 '표준화 실손'이다. 이 시기에는 모든 보험사가 동일한 보장 조건으로 상품을 제공했다. 급여와 비급여 구분 없이 실제 의료비의 90%를 보장하며 자기부담금도 비교적 낮아 실속 있는 선택으로 평가받는다. 현재 가장 많은 사람들이 가입한 세대이지만 15년 재가입 조건이 있어 해당 시점 이후에는 다른 상품으로 전환될 수 있다는 점을 알아두어야 한다.

[2세대 실손 보장 요약]

가입시기	09년 10월 1일~	13년 4월 1일~	15년 9월 1일~	16년 1월 1일~
갱신주기/만기	3년/100세	1년/15년 재가입	1년/15년 재가입	1년/15년 재가입
보장비율	90%	90%	급여 90% /비급여 80%	급여 90% /비급여 80%
입원 보상 한도	연간 5,000만 원	연간 5,000만 원	연간 5,000만 원	연간 5,000만 원
통원 보상 한도 공제액	30만(외래 25만/처방 5만) 외래: 병원별 1/1.5/2만 원 공제 처방: 8천 원 공제		30만(외래 25만/처방 5만) 외래: 병원별 1/1.5/2만 원과 본인부담액 중 큰 금액 공제 본인부담액: 급여 10%+비급여 20%	
보장기간	입원: 365일 통원: 180회	입원: 365일 통원: 180회	입원: 365일 통원: 180회	입원: 365일 통원: 180회
면책기간	90일	90일	90일	5천만 원 초과 시 90일

Part 1. 보장성보험

3세대 실손보험은 2017년 4월부터 2021년 6월까지 판매된 '착한 실손'이다. 이 세대부터는 급여와 비급여를 명확히 분리해 보장하는 구조로 변경되었다. 특히 도수치료, 체외충격파, 비급여 주사제, MRI 등은 별도 특약으로 분리되었고 자기부담금도 20~30% 높아졌다. 이런 변화는 불필요한 의료 이용을 줄이는 효과가 있었지만 필요한 보장을 받으려면 특약 선택이 필수적이게 되었다.

[3세대 실손 보장 요약]

가입시기	17년 4월 1일 ~ 21년 6월 30일
갱신주기/만기	1년/15년 재가입
보장비율	급여 90%/비급여 80%/비급여 3종 70%
입원 보상 한도	연간 5,000만 원 도수치료 350만/연 50회 MRI 300만/연 50회 주사비 250만/연 50회
통원 보상 한도 공제액	30만(외래 25만/처방 5만) 외래: 병원별 1/1.5/2만 원과 본인부담액 중 큰 금액 공제 처방: 8천 원과 본인부담액 중 큰 금액 공제 본인부담액: 급여 10%+비급여 20% 비급여 특약 3종: 2만 원, 30% 공제
보장기간	입원: 가입한도 소진 통원: 180회
면책기간	5천만 원 초과 시 90일

4세대 실손보험은 2021년 7월부터 현재까지 판매되고 있는 상품이다. 가장 큰 특징은 비급여 이용 실적에 따라 보험료가 달라지는 할인·할증 제도다. 급여는 80%, 비급여는 70%까지만 보장되며 특약 항목의 보장 범위도 더 좁아졌다. 2년간 비급여 청구가 없으면 다음 해 보험료가 10% 이상 할인되므로 병원을 자주 이용하지 않는 건강한 사람에게 유리한 구조이다.

[4세대 실손 보장 요약]

가입시기	21년 7월 1일 ~ 현재
갱신주기/만기	1년/5년 재가입
보장비율	급여 80%/비급여 70%
입원 보상 한도	연간 급여, 비급여 각 5,000만 원 도수치료 350만/연 50회 MRI 300만/연 50회 주사비 250만/연 50회
통원 보상 한도 공제액	5천만 원 한도/회당 20만 원 비급여: 연간 100회 한도 급여: 1/2만 원과 본인부담액 중 큰 금액 공제 비급여: 3만 원, 30% 공제 처방: 8천 원과 본인부담액 중 큰 금액 공제 본인부담액: 급여 20%+비급여 30%
보장기간	가입한도 소진 시까지(입·통원 합산)
면책기간	계약일 기준 1년 단위 한도 복원

[실손의료비 변천사]

	1세대 손보 2003.10.1~	1세대 생보 2008.5.1~	2세대 표준화 2009.8.1(10.1)~	1차개정 2013.4.1~
입원의료비 보장한도	3천~1억	3천	5천	5천
갱신주기/보장만기	5년/100세 만기	3년/80세 만기	3년/100세 만기	1년/15년 만기 15년 후 재가입 (재가입 의사 필수)
보장비율	100%	80%	90%	표준형 80% 선택형 90%
본인부담한도	200만	200만	200만	200만
자동차/산재 본인부담	100%	32%	40%	40%
입원산출방식	사고일로부터 1사고 당 연간입원한도 (면책 180일)	입원일로부터 연간입원한도	입원일로부터 1사고 당 연간입원한도 (면책 90일)	입원일로부터 1사고 당 연간입원한도 (면책 90일)
상급병실료	2인실 기준 50%	1일 8만 or 50% 중 소액	1일 10만 or 50% 중 소액	1일 10만 or 50% 중 소액
통원의료비 보장한도		10만 (계약일 180회)	20만~25만 (계약일 180회)	20만~25만 (계약일 180회)
통원의료비공제	10만~50만 (사고일 30회)	5천 원(80%)	의원1만 병원1.5만 종합병원2만(100%)	의원1만 병원1.5만 종합병원2만 or 의료비20% 중 고액
처방조제비		5만 원	5만~10만 (계약일 190회)	5만~10만 (계약일 190회)
처방전공제	5천 원(100%)	3천 원(80%)	8천 원(100%)	8천 원or조제비20% 중 고액
치매	X/O	X	O	O
치질	X	X	O(급여)	O(급여)
무사고할인	X	10%	10%	X
80%후유장해시	소멸	유지	유지	유지
한방병의원	X	O(급여)	O(급여)	O(급여)
치과	X	O(급여)	O(급여)	O(급여)
정신과	X	X	X	X
자의입원	40%	32%	40%	40%

2차개정 2015.4.1~	3차개정 2016.1.1~	3세대(착한) 2017.4.1~	4세대 2021.7.1~
5천	5천	5천	상해/질병 각각 급여5천/비급여5천
1년/15년 만기 15년 후 재가입 (재가입 의사 필수)	1년/15년 만기 15년 후 재가입 (재가입 의사 필수)	1년/15년 만기 15년 후 재가입 (재가입 의사 필수)	1년/5년 만기 5년 후 재가입 (재가입 의사 필수)
선택형 II (급여90%/비급여80%)	선택형 II (급여90%/비급여80%)	선택형 II (급여90%/비급여80%) 도수/MRI/주사 70%	입통원 합산 상해/질병 각각 급여5천/비급여5천 도수/MRI/주사 70%
200만	200만	200만	상해/질병 급여 200만
40%	급여90%/비급여80%	급여90%/비급여80%	급여80%/비급여70%
입원일로부터 1사고 당 연간입원한도 (면책 90일)	사고당 보장한도금액 5천만 원 전부 소진까지 (보장일에 따라 면책일 상이) (보장 275일 초과:90일/ 미만:최초입원부터 1년까지)	사고당 보장한도금액 5천만 원 전부 소진까지 (보장일에 따라 면책일 상이) (보장 275일 초과:90일/ 미만:최초입원부터 1년까지)	사고당 보장한도금액 5천만 원 전부 소진까지 (보장일에 따라 면책일 상이) (보장 275일 초과:90일/ 미만:최초입원부터 1년까지)
1일 10만 or 50% 중 소액	1일 10만 or 50% 중 소액	1일 10만 or 50% 중 소액	1일 10만 or 50% 중 소액
20만~25만 (계약일 180회)	20만~25만 (계약일 180회)	20만~25만 (계약일 180회)	20만 (비급여 연간 100회 한도)
의원1만 병원1.5만 종합병원2만 or 급여10% 비급여20% 중 고액	의원1만 병원1.5만 종합병원2만 or 급여10% 비급여20% 중 고액	의원1만 병원1.5만 종합병원2만 or 급여10% 비급여20% 중 고액	[급여] 의원/병원1만상급/종합2만 [비급여] 3만
5만~10만 (계약일 190회) 8천 원 or 조제비20% 중 고액	5만~10만 (계약일 190회) 8천 원 or 조제비20% 중 고액	5만~10만 (계약일 190회) 8천 원 or 조제비20% 중 고액	20만 (비급여 연간 100회 한도) 급여: 2만 or 20% 중 고액 비급여: 3만 or 30% 중 고액
O	O	O	O
O(급여)	O(급여)	O(급여)	O(급여)
X	X	할증금액의 10%	전체보험료의 10%
유지	유지	유지	유지
O(급여)	O(급여)	O(급여)	O(급여)
O(급여)	O(급여)	O(급여)	O(급여)
X	O(급여) 우울증, 주의력결핍, 틱	O(급여) 우울증, 주의력결핍, 틱	O(급여) 우울증, 주의력결핍, 틱
40%	X	X	X

Part 1. 보장성보험

2025년 말 새로운 형태의 실손의료보험인 5세대 실손보험이 출시될 예정이다. 5세대 실손보험의 가장 큰 변화는 중증질환 보장을 강화하면서 보험료를 4세대 대비 30~50% 수준으로 인하하는 점이다. 보장 구조 측면에서는 급여와 비급여를 명확히 구분하고 급여는 입원과 외래로 나눠 자기부담률을 차등 적용한다. 급여 입원은 현행 4세대와 동일하게 20%의 자기부담률이 적용되며 외래는 건강보험 본인부담률과 연동해 실손보험 자기부담률을 조정하는 방식이다. 비급여 항목은 중증 비급여와 비중증 비급여로 구분하여 관리된다. 중증 비급여는 상급종합병원 및 종합병원 입원 시 연간 500만 원 한도의 자기부담 상한을 신설해 실질적 중증 치료 보장을 강화하였다. 반면 비중증 비급여는 도수치료, 체외충격파, 증식치료, 고가 비급여 주사제 등 과잉 이용 가능성이 높은 항목을 보상 대상에서 제외하거나 보장 한도를 축소하고 자기부담률을 상향 조정하여 합리화를 꾀하였다. 또한 5세대 실손보험에서는 임신·출산(O코드)에 대한 급여 의료비 보장도 새롭게 포함되었다.

 실손의료보험은 가입 시기에 따라 세대별로 보장 내용과 보험료 구조, 재가입 주기가 달라지며 이에 따라 유지 또는 전환 여부를 신중하게 판단해야 한다. 특히 실손보험은 단순히 '예전 것이 무조건 좋다'는 인식만으로 판단해서는 안 된다. 의료비를 얼마나 자주, 어떤 방식으로 사용하는지, 본인의 병원 이용 습관이나 가족력, 건강 상태 등을 종합적으로 고려해야 한다.

 1세대 및 2세대 초기 실손보험은 재가입 주기가 없어 100세 만기까지 평생 약관이 유지되는 구조이다. 보장 범위가 넓고 보험금 청구에 제약이 거의 없어 여전히 '좋은 실손'으로 평가되지만 보험료가 크게 인상되어 장기적으로는 부담이 될 수 있다. 반면 4세대 실손보험은 보험료는 저렴하지만 도수치료, 비급여 주사제 등 주요 항목의 보장이 제한적이며, 재가입 주기가 5년으로 짧아 2026년 7월부터 순차적으로 새로운 상품으로 전환될 예정이다.

 재가입은 단순한 갱신과는 다르다. 기존 약관이 유지되는 갱신과 달리 재가입은 당시 시점에서 판매 중인 최신 실손보험으로 자동 전환되며 보장 내용과 자기부담금, 보험료 등이 달라질 수 있다. 병력 심사 없이 동일 보험사에서 재가입이 가능하지만 기존보다 보장이 축소되거나 본인에게 맞지 않는 구조로 바뀔 수 있으므로 사전 점검이 필요하다. 특히 2025년 말 출시 예정인 5세대 실손보험은 비급여에 대한 자기부담금이 높아질 것으로 예상되며, 상대적으로 보험료는 4세대 대비 낮게 설계될 것으로 예상된다. 앞으로의 재가입 시 이 상품으로의 자동 전환이 이뤄질 가능성이 높다.

 따라서 지금 시점에서 중요한 것은 "내가 가입한 실손보험이 몇 세대 상품인지", "현재 내 생활습관과 병원 이용 형태에 잘 맞는 구조인지"를 명확히 파악하는 일이다.

[실손보험 1세대~5세대 변화]

실손보험 세대	가입 시기	재가입주기	비고
1세대	2009년 9월 이전	없음	평생 약관 유지, 100세 만기
2세대(초기)	2009년 10월~2013년 3월	없음	평생 약관 유지, 100세 만기
2세대(후기)~3세대	2013년 4월~2021년 6월	15년	2028년부터 재가입 시작
4세대	2021년 7월~	5년	첫 재가입 2026년 7월

4-2. 실손 보험 인상 대비 방법

최근 실손의료보험의 보험료가 지속적으로 인상되면서 많은 가입자들이 부담을 느끼고 있다.

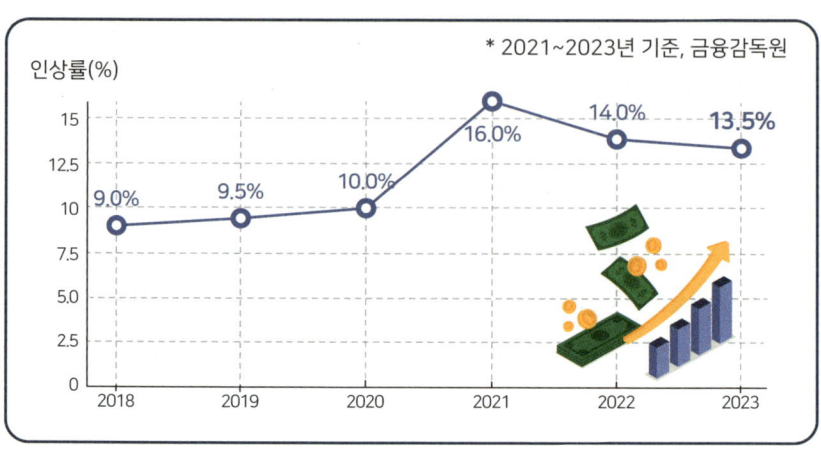

[실손의료보험 평균 보험료 인상 추이(구실손 기준)]

특히 갱신형으로 운영되는 실손보험은 나이가 들수록 보험료 상승 폭이 커지며 고령층이나 만성 질환자에게는 실질적인 경제적 압박으로 작용한다. 이러한 상황에서 실손보험 하나만으로 의료비를 모두 보장받겠다는 생각은 더 이상 현실적이지 않다. 이제는 실손보험의 한계를 인식하고 보험료 인상에 대비할 수 있는 전략적 보장 설계가 필요하다.

[실손보험 한계와 정액 보장의 역할 비교]

실손보험은 보장 한도와 자기부담금, 보험료 인상 등 한계가 뚜렷합니다. 반면 정액 보장은 고정 금액을 지급받아 **치료비는 물론 생활비와 간병비까지** 폭넓게 대비할 수 있어 실손의 공백을 효과적으로 보완합니다.

특약명	보장 대상	보장 내용
보장 방식	실제 발생한 비용 중 일부 보상	조건 충족 시 약정된 금액 정액 보상
보장 예측성	낮음 (청구액에 따라 다름)	높음 (고정 금액 수령)
활용 용도	병원비 일부 보전	입원비, 간병비, 생활비, 소득 공백 등 다양하게 활용
약점	자기부담금, 보장 한도 제한, 나이 따라 보험료 상승	정해진 금액 초과 시 초과비용 발생 가능성 있음

  그 대안으로 주목받는 것이 바로 진단비, 수술비, 입원비, 간병비 등 정액 보장 중심의 보험상품이다. 실손보험이 '실제 발생한 의료비의 일부'를 보장하는 구조라면 정액 보장은 '조건 충족 시 약정된 금액'을 지급받는 구조이므로 예측 가능한 보험금 수령이 가능하고 실질적인 치료 자금으로 활용하기 용이하다.

  예를 들어 암이나 뇌혈관 질환, 심장 질환 등 중대 질병 진단 시 진단비 특약을 통해 수백만 원에서 수천만 원까지 정액 보장을 받을 수 있다. 이 진단비는 치료 초기의 병원비뿐 아니라 입원, 수술, 간병비, 생활비 등 폭넓은 용도로 활용할 수 있어 실손보험의 공백을 보완해 준다. 또한 수술비 특약은 약관에서 정의된 수술을 받을 경우 치료비와 관계없이 고정 금액을 지급하므로 실손보험의 자기부담금과 보장 한도 제한을 보완하는 데 효과적이다.

입원비 정액 특약도 유용하다. 입원 시 1일당 일정 금액을 정액으로 보장받을 수 있어 병원비뿐 아니라 입원 기간 중 발생하는 생활비, 간병비, 소득 공백을 메우는 데 큰 도움이 된다. 특히 고령자나 자영업자처럼 입원 시 소득 손실이 발생하는 경우 더욱 유용하다. 더 나아가 간병보험을 통해 질병이나 사고 후 회복기에 필요한 간병인 비용을 하루 단위로 보장받는 구조를 마련해 두면 장기 입원이나 회복기에 발생하는 비용까지도 체계적으로 대비할 수 있다.

4-3. 단체 실손을 개인 실손으로 전환하는 방법

 단체실손보험에서 개인실손보험으로 전환하는 방법은 퇴직 등으로 단체보장이 종료된 가입자가 실손의료보험 보장을 지속적으로 이어갈 수 있도록 마련된 제도로 보험 공백을 최소화하고 기존 보장을 연계하여 개인 보험으로 안정적으로 전환할 수 있도록 돕기 위한 취지로 운영된다.

[단체 vs 개인 실손보험]

구분		단체실손보험(피보험자: 469만 명)	개인실손보험(피보험자: 3,746만 명)
목적 및 대상	가입 목적	종업원의 복지	피보험자 본인의 병원비 마련
	계약자	법인 또는 고용주	개인
	피보험자	보험계약자의 종업원·그 가족	피보험자 본인(혹은 가족)
보장 범위	보장내용	표준약관+선택적 추가보장 (임신, 출산비용 등)	표주약관과 동일 (1·2·3·4세대 구분)
	보장한도	1천만 원, 3천만 원, 5천만 원 등	5천만 원
	보험기간	1년 만기/재가입	1·3·5년 만기/100세까지 자동갱신

 전환 신청 자격은 직장을 통해 단체실손보험에 가입했던 사람으로 퇴직이나 계약 만료 등으로 보장이 종료되었거나 종료 예정인 경우에 해당된다. 이 중 최근 5년간 단체실손보험에 가입되어 있었으며 보험금 수령액이 200만 원 이하이고, 10대 중대질병(암, 백혈병, 고혈압, 협심증, 심근경색, 심장판막증, 간경화증, 뇌졸중, 당뇨병, 에이즈)에 대한 치료 이력이 없는 경우 건강심사 없이 무심사로 개인실손보험으로 전환할 수 있다. 해당 조건을 만족하지 못하는 경우에는 일반 실손보험 신규 가입과 동일하게 건강심사를 받아야 한다.

전환 신청은 단체실손 종료일로부터 1개월 이내에 진행해야 하며 신청은 단체실손보험을 운영했던 보험회사에서 접수 받는다. 신청 방법은 보험사 창구 방문이나 담당 설계사를 통한 대면채널로 가능하며 퇴직증명서 또는 그에 준하는 보장종료 증빙서류가 필요하다.

전환이 완료되면 해당 보험사가 판매 중인 가장 유사한 개인 실손보험 상품으로 자동 전환되며 보장 종목, 보장금액, 자기부담금 조건도 기존 단체실손과 동일하거나 유사하게 적용된다. 다만 전환 이후에는 개인실손 기준 보험료가 적용되므로 보험료가 단체실손 때보다 상승할 수 있다. 전환 후 15일 이내에는 청약 철회도 가능하다. 또한 통원 보장 추가나 한도 상향 등 보장 범위를 넓히는 경우에는 별도의 심사가 필요하다는 점도 유의해야 한다.

실손보험 중복가입이나 보장 공백 방지를 위한 제도도 운영되고 있다. 개인실손보험 가입자가 직장을 통해 단체실손에 중복 가입하게 될 경우 개인실손보험의 납입 및 보장 중지 신청이 가능하다. 이 경우 퇴직 등으로 단체실손이 종료되면 기존에 중지해 두었던 개인실손보험을 무심사로 재개할 수 있어 실손보험 보장을 끊김 없이 유지할 수 있다.

[실손의료보험 중지 제도]

1. 실손의료보험 재개 시 **재개시점의 고지의무**를 다시 해야 한다.
2. 실손의료보험 중지제도가 **해당 보험사에서 가능**한지 확인해야 한다.
3. **단체실손보험에 5년 이상 가입**되어야만 기존 실손보험을 재개할 수 있다.
4. 단체보험 해지 시 **1개월 이내 실손보험 재개 신청**을 반드시 해야 한다.
5. **만 65세 이하**까지만 신청 가능하다.

4-4. 5세대 실손보험 특징

2025년부터 시행되는 제5세대 실손의료보험은 기존 실손보험의 문제점인 비급여 진료의 과잉 이용과 실손보험 재정 악화를 해결하는 데 초점을 맞추고 있다.

5세대 실손보험의 가장 큰 특징은 보장 체계의 세분화이다. 기존 4세대 실손의료보험은 급여 항목과 비급여 항목을 기준으로 보장 범위를 나누었으나, 5세대 실손에서는 비급여 항목을 다시 '중증'과 '비중증'으로 구분하여 보다 세분화된 구조로 변경되었다.

[4세대 실손보험 vs 5세대 실손보험 보장 체계]

구분	4세대 실손보험	5세대 실손보험
보장 항목 구분	급여 / 비급여	급여 / 비급여 (중증 / 비중증)
비급여 보장 수준	연간 최대 5,000만 원	중증: 기존 수준 유지 비중증: 연 1,000만 원 제한
자기부담률	평균 20~30%	비중증: 자기부담률 50%로 상향

5세대 실손의료보험은 비급여 항목 중 암, 심혈관 질환, 뇌혈관 질환, 중증 화상, 중증 외상, 희귀 및 난치성 질환 등 건강보험 산정 특례에 해당하는 질환을 '중증'으로 분류하고, 이에 대해서는 이전 실손보험 수준의 보장을 유지하도록 하고 있다. 반면, 이 외의 일반적인 비중증 질환에 대해서는 보장 한도를 대폭 축소하고 자기부담률을 높이는 방식으로 변경되었다. 예를 들어, 4세대에서 연간 5,000만 원까지 보장하던 비급여는 5세대에서는 연 1,000만 원으로 하향 조정되며,

자기부담률 또한 50%로 상향된다.

 그리고 5세대 실손보험의 또 다른 특징은 임신 및 출산 관련 보장의 확대이다. 기존 실손보험에서는 임신과 출산과 관련된 급여 항목이 대부분 보장에서 제외되어 있었으나, 5세대 실손에서는 제왕절개 수술을 포함한 관련 의료비와 유착방지제와 같은 급여 항목까지 보장 범위에 포함되었다. 이는 임신을 준비 중인 여성이나 가임기 여성에게 보다 유리한 보장 조건이 될 수 있다.

 실손의료보험은 세대가 거듭될수록 월 보험료는 다소 낮아지는 경향을 보이고 있으나, 동시에 보장 범위도 축소되는 방향으로 조정되고 있다. 1세대 및 2세대 실손보험도 보험료 상승과 갱신률 부담으로 인해 장기적으로는 재정적인 부담이 클 수 있다.

4-5. 실손보험만 믿을 수 있을까

실손의료보험은 병원 진료나 치료 시 실제 발생한 의료비를 보장해 주는 구조로, 국민 대다수가 가입한 보편적인 보험 상품이다. 그러나 실손보험은 시간이 지날수록 고령화 인구 증가 및 비급여 진료 증가 등으로 인해 보험사 적자 증대 등 구조적인 한계가 이어지고 있다. 이런 한계를 개선하기 위해 3세대, 4세대, 5세대 실손보험이 계속 개편되고 있는 상황이다.

앞서 설명한 대로 5세대 실손은 비급여 항목을 중증 질환과 비중증 질환으로 세분화하여, 암, 심혈관 질환, 뇌혈관 질환, 중증 화상, 중증 외상, 희귀·난치성 질환과 같이 건강보험 산정 특례에 해당하는 중증 질환에 대해서는 종전과 유사한 수준의 보장이 유지된다. 하지만 도수 치료나 주사 치료, 피부미용 목적의 치료 등 비중증 질환에 대해서는 연간 보장 한도가 기존 5,000만 원에서 1,000만 원으로 줄어들고, 자기부담률도 50%로 상향되며 보장 한도가 축소된다.

[5세대 실손보험 보장 체계 변화]

항목 구분	중증 질환 (보장 유지)	비중증 질환 (보장 축소)
질환 예시	암, 심혈관질환, 뇌혈관질환 등	도수치료, 주사치료, 미용 목적 치료 등
연 보장한도	기존과 유사 (최대 5,000만 원 수준)	연간 1,000만 원으로 축소
자기부담률	평균 20~30%	50%로 상향

기존에 실손보험에 가입된 가입자들은 세대별로 재가입 주기가 다르다. 1세대 및 2세대 실손보험은 별도의 재가입 주기 없이 계약자가 해지하지 않는 한 기존 조건이 유지되지만, 후기 2세대 실손보험 또는 3세대 실손에 가입하였을 경우 재가입 주기는 15년이며, 4세대는 5년 단위로 재가입이 이루어진다. 이 경우 재가입 시 5세대 실손보험으로 자동 갱신된다.

 이처럼 보장의 범위는 점차 줄어들고, 보험료는 인상되는 구조 속에서 실손보험 하나만으로는 미래 질병에 충분히 대비하기 어렵다는 인식이 확산되고 있다. 특히 암, 심장 질환, 뇌혈관 질환, 중증 치매 등과 같이 고액의 치료비가 수반되는 질병의 경우, 실손보험은 제한적인 역할만 수행할 수밖에 없다.

 따라서 진단비, 치료비, 입원비, 간병비 등을 항목별로 정액 보장받을 수 있는 진단비 보험(특약), 입원 및 치료비 보험, 간병 보험 등을 함께 준비하는 것이 바람직한 전략이다.

 결국 실손보험은 기본 의료비를 지원받는 최소한의 장치로 인식하고, 이를 중심으로 다층적이고 분산된 보장체계를 설계하는 것이 현명한 전략이다. 암 비급여 치료, 간병비, 수술비, 진단비 등은 예기치 못한 질병으로 인해 발생하는 주요 지출 항목이다. 이러한 비용은 단순한 치료비를 넘어, 장기간 치료가 필요한 경우 생활비의 역할까지 하게 된다.

따라서 다양한 의료비와 생활비 리스크에 대비하기 위해서는 실손보험을 필수적으로 유지하되, 추가적인 보장을 위한 종합보험 가입이 필요하다. 종합보험은 암과 같은 중대 질병에 대한 비급여 치료비, 간병비, 수술비, 진단비 등을 포괄적으로 보장하여, 예상치 못한 어려움 속에서도 경제적 안정을 도모할 수 있는 중요한 수단이다

Part 1. 보장성보험

Part 2-1

저축성보험
/연금보험

1장. 연금, 이것만은 알고 가자

1-1. 은퇴 준비가 중요한 진짜 이유

[은퇴준비의 필요성]

- **경제적 이유**
  - 은퇴 후 소득 급감
  - 생활비·의료비 지속 발생
- **건강 문제**
  - 질병 위험 증가
  - 체력 감소로 일상 제한
- **가족 부담**
  - 자녀에 경제·심리적 부담
  - 세대 갈등 유발 가능
- **시간 요인**
  - 조기 준비 시 복리·장기투자 효과
  - 준비 시기 늦을수록 부담 증가
- **종합적 준비 필요**
  - 자산만이 아닌 건강·사회관계까지
  - 균형 잡힌 대비가 핵심

➡ 지금부터 준비해야 '생존'을 넘어, '도전과 성취'의 노후 가능!

　노후는 인생의 마지막을 장식하는 중요한 시기이기 때문에 철저한 준비가 필요하다. 은퇴 후에는 소득이 급감하고 건강이나 사회적 관계 변화 등 다양한 문제에 직면하게 되는데 이러한 불안 요소를 줄이고 안정된 삶을 누리기 위해서는 단순한 자산 축적을 넘어선 종합적인 준비가 필수적이다.

　은퇴 후에는 경제적 자립이 어려워지기 때문에 노후 대비가 중요하다.

정기적인 수입이 사라지는 반면 의료비와 생활비 등의 고정 지출은 계속되므로 안정적인 노후를 위해서는 일정 수준의 자산을 마련해야 한다. 이는 자유롭고 독립적인 삶을 위한 기본 전제조건이다.

건강과 경제적 조건은 노후 삶의 질을 결정짓는 핵심 요소이다. 노년기에는 질병에 대한 위험이 커지고 체력이 감소하기 때문에 건강한 노후를 위해 젊을 때부터 체계적인 건강 관리가 필요하며 이를 위한 시간적·경제적 여유를 확보하는 준비 과정이 중요하다. 또한 자녀에게 경제적 부담을 주지 않기 위해서도 노후 준비를 해야 한다. 부모가 충분한 노후 준비를 하지 못할 경우 자녀들이 부모의 생활을 책임지게 될 수 있으며, 이는 자녀의 경제적·정신적 부담을 가중시키고 세대 간 갈등으로 이어질 수 있다.

시간이 지나면 준비의 기회를 놓치기 쉬워지기 때문에 은퇴 준비는 빨리 시작할수록 유리하다. 복리 효과와 장기 투자 혜택을 제대로 누리려면 젊을 때부터 준비를 시작해야 하며 그렇지 않으면 준비할 수 있는 시간이 급격히 줄어든다.

노후는 단지 '살아가는 시기'가 아니라 '어떻게 살아갈 것인가'를 결정하는 시기이다. 노년을 단순히 생존의 시기로만 바라보는 것이 아니라 새로운 도전과 성취의 기회로 보는 인식 전환이 필요하며, 그러한 삶을 만들기 위해서는 지금부터의 준비가 결정적인 역할을 한다. 결국 노후의 삶은 젊은 날의 선택과 준비에 따라 달라지므로 늦지 않게 계획하고 실천하는 것이 노년을 불안이 아닌 기대의 시기로 만들어주는 열쇠이다.

1-2. 국민연금, 퇴직연금, 개인연금 차이

노후 준비를 위해 꼭 알아야 할 세 가지 대표적인 연금 제도가 있다. 바로 국민연금, 퇴직연금, 개인연금이다. 이 세 가지는 모두 노후 소득을 보장해 주는 수단이지만 가입 방식, 운영 주체, 수령 방법, 장단점이 서로 다르다. 각각의 특성을 제대로 이해해야 내게 맞는 연금 전략을 세울 수 있다.

국민연금

국민연금은 국가가 운영하는 공적 연금 제도이다. 만 18세 이상 60세 미만의 국민이라면 의무적으로 가입해야 하며 소득의 일정 비율을 보험료로 납부하게 된다. 직장인이라면 근로자와 사업주가 보험료를 각각 절반씩 총 13%를 납부하게 된다(연금 개혁 이후 2025년부터 0.5%씩 8년 동안 인상).

가입자가 만 60세까지 보험료를 납부하면 만 65세 이후부터 매달 연금 형태로 수령할 수 있다. 물가상승률을 반영해 연금액이 조정되기 때문에 기본적인 생활비 보장 제도이다.

국가가 운영하므로 안정성과 지급 보장이 높다는 장점이 있지만 수령 시기가 늦고 수령액이 기본 생활비 수준으로 제한적이기 때문에 여유로운 노후를 기대하기에는 부족할 수 있다.

퇴직연금

퇴직연금은 근로자의 퇴직금을 연금 형태로 지급하는 연금 제도이다. 기존의 일시불로 지급받는 퇴직금 제도 대신 근로자가 퇴직한 이후에도 지속적인 소득을 얻을 수 있도록 설계된 제도이다. 퇴직연금은 크게 DB형(확정급여형), DC형(확정기여형) 두 가지 형태가 있다.

확정급여형(DB형)은 퇴직 시 받을 연금액이 미리 정해져 있으며 회사에서 자금을 운용하는 방식이다. 근로자는 운용 결과에 관계없이 약정된 금액을 받을 수 있다.

확정기여형(DC형)은 회사가 근로자의 연금계좌에 일정 금액을 납입하고 근로자가 자금을 직접 운용하는 방식이다. 최종 수령액은 운용성과에 따라 달라진다.

퇴직연금은 세제 혜택과 함께 기업의 지원을 받을 수 있다는 장점이 있지만 기업의 재정 상황이나 운용 성과에 따라 수령액이 영향을 받을 수 있다는 단점을 가진다.

[퇴직연금 유형 비교]

구분	DB형(확정급여형)	DC형(확정기여형)
운용 주체	회사	근로자 본인
연금 수령액	사전에 정해짐	운용 성과에 따라 달라짐
수익 책임	회사	근로자
장점	안정성 높음	수익률 높을 가능성 있음
단점	회사 재정 영향	운용 실패 위험

개인연금

　개인연금은 말 그대로 개인이 자발적으로 노후를 준비하기 위해 가입하는 자율형 연금 제도이다. 보험사, 은행, 증권사 등 다양한 금융기관을 통해 가입할 수 있으며 매월 일정 금액을 적립한 후 정해진 나이부터 연금 형태로 수령하게 된다.

　연금 상품은 세제 혜택 여부에 따라 '연금저축보험(세제적격)'과 '비과세 개인연금(세제비적격)'으로 나뉘며 각각 세액공제 유무와 수령 시 과세 방식에 차이가 있다.

　연금저축보험(세제적격)은 납입금에 대해 연말정산 시 세액공제 혜택(연 400만 원 한도)을 받을 수 있지만 연금 수령 시에는 연금소득세가 부과된다.

　반면, 비과세 개인연금(세제비적격)은 세액공제는 없지만 10년 이상 유지 등 일정 요건을 충족하면 발생한 이자·수익에 대해 비과세 혜택을 받을 수 있다.

　개인연금은 자신의 투자 성향과 목표에 따라 상품을 다양하게 선택할 수 있다는 점에서 가장 유연한 연금 제도이다.

　특히 투자형 상품을 선택하면 높은 수익률을 기대할 수 있고, 노후 설계를 개인 상황에 맞게 자유롭게 구성할 수 있다는 장점이 있다. 다만 해당 연금은 본인이 직접 관리해야 하며 투자 위험을 줄이기 위해 확정이율 상품을 선택하는 것도 한 방법이다.

[개인연금 유형 비교]

구분	세제적격(연금저축보험 등)	세제비적격(비과세 개인연금)
세액공제	있음 (연 400만 원 한도)	없음
수령 시 과세 여부	연금소득세 부과	조건 충족 시 이자소득 비과세
최소 유지 조건	5년 이상, 만 55세 이후 수령	10년 이상 유지, 기타 상품별 상이
장점	절세 혜택	수익 비과세 가능성
단점	수령 시 과세	세액공제 혜택 없음

1-3. 3층 연금 제도란

　3층 연금제도는 단일 연금만으로는 충분히 노후를 준비하기 어렵기 때문에 세 가지 연금 제도를 활용하여 체계적으로 보완할 수 있도록 하는 연금 시스템으로 이해하면 된다. 이 제도는 공적 연금인 국민연금을 1층으로, 직장에서 제공하는 퇴직연금을 2층으로, 개인이 자발적으로 가입하는 개인연금을 3층으로 설계하여 노후 소득의 안정성을 단계별로 강화하는 구조이다.

　국민연금은 3층 연금제도의 제일 기본인 1층을 차지하는 연금 상품으로 모든 국민의 기본적인 노후 생활비를 보장하는 구조이다. 국가가 운영하므로 안정성이 높다는 장점이 있지만 국민연금만으로는 은퇴 전 생활 수준을 유지하기 어렵다는 한계가 있다.

　퇴직연금은 3층 연금제도의 2층으로 회사가 근로자의 노후를 위해 지원하는 제도이다. 근로 기간 동안 사용자가 부담하는 퇴직금을 적립하여 은퇴 후 연금 형태로 수령할 수 있어 국민연금의 부족한 부분을 보완하는 역할을 한다.

　개인연금은 3층 연금제도의 마지막 단계로 개인이 스스로의 필요와 상황에 맞게 설계하고 준비하는 자발적인 노후 대비 수단이다. 국민연금과 퇴직연금으로도 충족되지 않는 노후 자금을 보충하고 세제 혜택을 통해 효율적인 자산 증식이 가능하다. 이를 통해 단순한 생존이 아닌 여유롭고 풍요로운 노후 생활을 영위할 수 있는 기반을 마련할 수 있다.

평균 수명이 늘어나고 100세 시대가 현실화되는 상황에서 은퇴 준비는 단순히 생존을 위한 기본 자금 마련을 넘어 품위 있고 행복한 삶을 지속할 수 있는 종합적인 전략이 필요하다. 3층 연금제도는 이러한 복합적인 노후 소득 보장을 위한 실질적인 대안이다.

[3층 연금 구조]

제 1층 국민연금
국가 운영, 의무가입 ▷ 기본 생활비 보장

제 2층 퇴직연금
기업 퇴직금 기반, DB·DC ▷ 기본 생활비 보완

제 3층 개인연금
자율적 설계, 세제 혜택 ▷ 부족 자금 보충, 자산 증식

"단계별로 쌓아가는 노후 소득 보장 시스템"

1-4. 꼭 알아야 할 연금 관련 용어: 종신형, 확정형

종신형과 확정형은 연금 수령 방식에서 가장 핵심적인 개념이다. 두 방식의 차이와 특징을 이해하면 개인의 노후 계획과 재정 상황에 맞는 연금 상품을 선택하는 데 큰 도움이 된다.

종신형 연금은 연금 수령자가 살아 있는 동안 즉 평생 동안 매월 또는 매년 연금을 지급받는 방식이다. 연금 재원이 소진되더라도 생존해 있는 한 계속해서 지급되는 것이 특징이다. 종신형의 가장 큰 장점은 장수 리스크를 효과적으로 대비할 수 있다는 점이다. 평균 수명보다 오래 살 경우 자금이 고갈되는 위험을 원천적으로 방지할 수 있으며 안정적인 평생 소득을 보장받을 수 있다. 또한 일부 상품은 '보증 지급 기간'을 설정하여 해당 기간 내 사망 시 남은 연금을 유족이 받을 수 있는 옵션도 제공한다.

그러나 종신형 연금은 동일한 적립금 기준으로 확정형보다 월 수령액이 적은 경우가 많으며 또한 조기 사망 시 예상한 금액보다 덜 받을 수 있다는 단점이 있다. 종신형 연금은 장수 리스크가 걱정되거나 평생 안정적인 현금 흐름이 필요한 사람에게 적합한 방식이다.

확정형 연금은 5년, 10년, 20년 등 미리 정해진 기간 동안만 연금을 지급받는 방식이다. 수령 기간이 끝나면 연금 지급도 종료된다. 확정형의 장점은 지급 기간 내에는 생존 여부와 상관없이 연금이 지급되며 수령자가 사망하면 남은 기간의 연금은 유족에게 지급된다는 점이다. 또한 종신형 대비 월 수령액이 더 많을 수 있으며 재정적 유연성이 높고

단기 재정 계획에 적합하다.

 그러나 확정형 연금은 지급 기간이 끝나면 연금이 더 이상 지급되지 않는다는 큰 단점이 있다. 장수할 경우 소득이 끊길 수 있는 위험이 존재한다. 확정형 연금은 일정 기간 동안만 노후 자금이 필요하거나 유족에게 자산을 남기고 싶은 사람에게 적합한 방식이다.

[종신형 vs 확정형 연금 비교]

항목	종신형 연금	확정형 연금
지급 기간	평생 (생존 기간 동안)	일정 기간 (예: 5년, 10년, 20년)
수령 조건	살아 있는 동안 계속 지급	생존 여부와 관계없이 기간 내 지급
월 수령액	상대적으로 적음	상대적으로 많음
장점	장수 리스크 대비, 평생 소득 보장	고정 수령액, 유족에게 지급 가능
단점	조기 사망 시 손해 가능성	장수 시 수입 끊길 위험
추천 대상	장수 가능성 대비, 안정적 현금 흐름 원하는 사람	일정 기간만 필요하거나 유족 보호 원하는 사람

Part 2-1. 저축성보험/연금보험

1-5. 내게 맞는 연금은 어떻게 고를까

　연금보험은 노후 소득을 마련하기 위한 상품으로 세금 혜택 여부에 따라 세제적격 상품과 세제비적격 상품으로 구분된다. 두 상품은 세금 혜택 구조와 운용 방식, 수령 방식에서 차이를 보이며 가입자의 소득 수준과 재정 상황, 절세 목적 등에 따라 선택이 달라질 수 있다.

　연금저축신탁, 연금저축펀드, 연금저축보험 등이 대표적인 세제적격 연금상품에 해당한다. 이러한 상품들은 연금 가입자에게 연말정산 시 세액공제 혜택을 제공하는 것이 가장 큰 특징이다. 연간 납입 한도는 최대 600만 원까지 세액공제를 받을 수 있으며 퇴직연금과 합산 시에는 900만 원까지 가능하다. 세액공제율은 총급여 5,500만 원 이하자는 16.5%, 그 이상은 13.2%로 적용된다.

　세제적격 연금은 납입 시점에는 세액공제 혜택을 받지만 수령 시점부터 연금소득세가 부과된다. 수령 방식은 반드시 연금 형태여야 하며 55세 이후 5년 이상 분할 수령 조건을 만족해야 세금 혜택이 유지된다. 만약 일시금으로 수령하게 되면 기타소득세가 적용되어 세금 부담이 커질 수 있다. 따라서 세제적격 연금보험은 장기적인 연금 수령 계획이 있는 가입자에게 적합하다.

[종신형 vs 확정형 연금 비교]

세제적격은 '세금 혜택', 세제비적격은 '자유로운 운용'이 핵심입니다.
소득 수준, 연금 목적(절세 vs 비과세), 유동성 니즈를 고려해 전략적으로 선택하세요.
→ 두 상품을 병행 활용하면 절세 효과와 수익 비과세 혜택을 모두 누릴 수 있습니다.

항목	세제적격 연금	세제비적격 연금
세액공제 혜택	있음(최대 600~900만 원 한도)	없음
과세 시점	수령 시 연금소득세 부과	생존 여부와 관계없이 기간 내 지급
가입 한도	연간 납입 한도 있음	상대적으로 많음
비과세 조건	해당 없음	10년 이상 유지, 5년 이상 납입 등 조건 충족 시
수령 방식	반드시 연금 형태 (55세 이후, 5년 이상 분할)	확정형·종신형 선택 가능, 일시금 수령 가능
유연성	낮음 (중도 해지 시 세금 불이익 있음)	일정 기간만 필요하거나 유족 보호 원하는 사람
추천 대상	절세 목적, 장기 연금 계획 있는 사람	수익 비과세 목적, 유연한 자금 운용 원하는 사람

 반면, 세제비적격 상품은 정부의 세액공제 혜택이 없는 사적 연금 상품이다. 일반 보험사에서 판매하는 변액연금보험, 일반연금보험 등이 세제비적격 연금상품에 해당한다. 이러한 상품들은 납입 기간과 금액에 제한이 없으며 세액공제는 받지 않지만 일정 조건을 충족하면 운용 수익에 대해 비과세 혜택을 받을 수 있는 구조로 연금을 수령할 때 세금이 없는 게 주요 특징이다. 비과세 조건은 일반적으로 월 150만 원 납입 한도 내에서 10년 이상 유지, 5년 이상 납입 시 비과세 혜택이 적용되어 운용 수익에 대해 세금이 과세되지 않는다. (일시금 1억 이하 10년 유지 또는 종신형 연금 수령 시에도 비과세 적용)

 세제비적격 연금보험의 수령 방식은 확정형, 종신형 등 연금 가입자가 자유롭게 선택할 수 있다. 연금 수령 외에도 중도 해지, 일시금 수령이 유연하게 가능하며 연금 수령 기간도 자유롭게 설정할 수 있다. 또한 상품에 따라 사망 시 유가족에게 지급되는 보장 기능을 갖추고 있는 경우도 있어 연금 기능과 보험 기능을 동시에 활용할 수 있다.

2장. 국민연금 예상 수령액 조회가이드

2-1. 국민연금공단 홈페이지 이용법

국민연금공단 홈페이지(https://www.nps.or.kr)는 국민들이 연금 관련 정보를 쉽게 찾아보고 활용할 수 있다. 해당 홈페이지를 통해 다양한 연금 업무를 처리할 수 있도록 전자 민원 서비스를 제공하고 있다. 국민연금공단 홈페이지 주요 기능 중 하나는 연금 가입 내역 조회 시스템이다. 이 시스템을 통해 사용자는 본인의 연금 보험료 납부 이력과 미래에 받게 될 예상 연금액을 간편하게 확인할 수 있다.

그리고 해당 홈페이지를 통해 각종 증명서 발급 서비스를 이용할 수 있다. 연금 산정용 가입 내역 확인서, 가입증명서 등 다양한 공식 문서를 즉시 발급받을 수 있어 금융 기관 방문이나 대출 신청 등에 필요한 서류를 신속하게 준비할 수 있다. 또한, 마지막으로 연금 청구를 온라인으로 이용할 수 있도록 되어 있다. 노령연금, 장애연금, 유족연금 등 다양한 유형의 연금을 청구하고, 관련 서류를 제출하며 청구 진행 상태도 실시간으로 확인할 수 있다.

국민연금공단 홈페이지 이용을 위한 첫 단계는 회원가입 후 홈페이지 접속 가능하며 이후 다양한 전자민원 서비스를 이용할 수 있다.

국민연금공단 홈페이지는 기본적인 연금 업무 외에도 중앙노후준비지원센터를 통해 개인의 노후 준비 상태를 진단받고 맞춤형 상담을 받을 수 있다. 이 서비스는 개인의 재정 상황, 건강 상태, 여가 활동 등을 종합적으로 고려한 노후 준비 전략을 수립하는 데 큰 도움이 된다.

또한 소득이 일정 기준 이하인 취약 계층을 위한 보험료 지원 제도 정보도 주기적으로 제공하고 있다.

[국민연금공단 홈페이지 이용]

주요기능

1. **연금 가입내역 조회**: 납부 이력 확인, 예상 연금액 확인
2. **증명서 발급**: 가입증명서, 가입내역 확인서 등 즉시 발급
3. **연금 청구**: 노령·장애·유족연금 청구, 온라인 서류 제출 + 진행 상황 확인
4. **노후준비 진단**: 중앙노후준비지원센터 → 맞춤 상담 제공
5. **보험료 지원제도 안내**: 소득 낮은 취약계층 대상 정보 제공

2-2. 예상 수령액 조회 방법

 국민연금은 현재 납부하는 금액뿐 아니라 노후에 '얼마나 받을 수 있는지' 또는 '나중에 금액이 혹시나 적지 않을지' 등의 궁금증을 해결할 수 있도록 미리 예상 연금액을 확인할 수 있다. 예상수령액은 모바일 앱 및 웹사이트 둘 다 사용 가능하다.

 예상 연금액은 현재까지 납부한 보험료를 기준으로 만 60세 또는 연금 수급 가능 시점까지 계속 납부하는 것을 가정하여 산정한 금액이다. 해당 금액 확인을 통해 노후 자금 준비 정도를 객관적으로 평가하고 필요 시 개인연금이나 저축 등의 추가적인 노후 대비책을 마련할 수 있다.

모바일 앱을 통한 확인 방법

 스마트폰을 통해 간편하게 예상 연금액을 확인하는 것이 가능하다. '내 곁에 국민연금' 앱을 다운로드한 후 공인인증서 또는 카카오페이로 로그인하면 메인 화면에서 바로 나의 예상 연금 수령액과 가입 내역을 확인할 수 있다. 안드로이드와 iOS 모두 앱스토어에서 '내 곁에 국민연금'을 검색해 다운로드할 수 있다.

웹사이트를 통한 확인 방법

모바일 대신 PC를 통해 더 자세한 정보를 확인하고 싶다면 '국민연금' 웹사이트를 이용하는 것이 좋다. 국민연금 사이트에 접속한 후 메인화면의 자주 찾는 서비스에서 '내 국민연금 알아보기'를 클릭하면 노후의 예상 연금 수령액을 상세히 조회할 수 있다. 또한 이 사이트에서는 지금까지 납부한 연금액도 함께 확인할 수 있어, 그동안의 납부 이력을 검토하는 데도 유용하다.

[국민연금공단 모바일 & PC 화면]

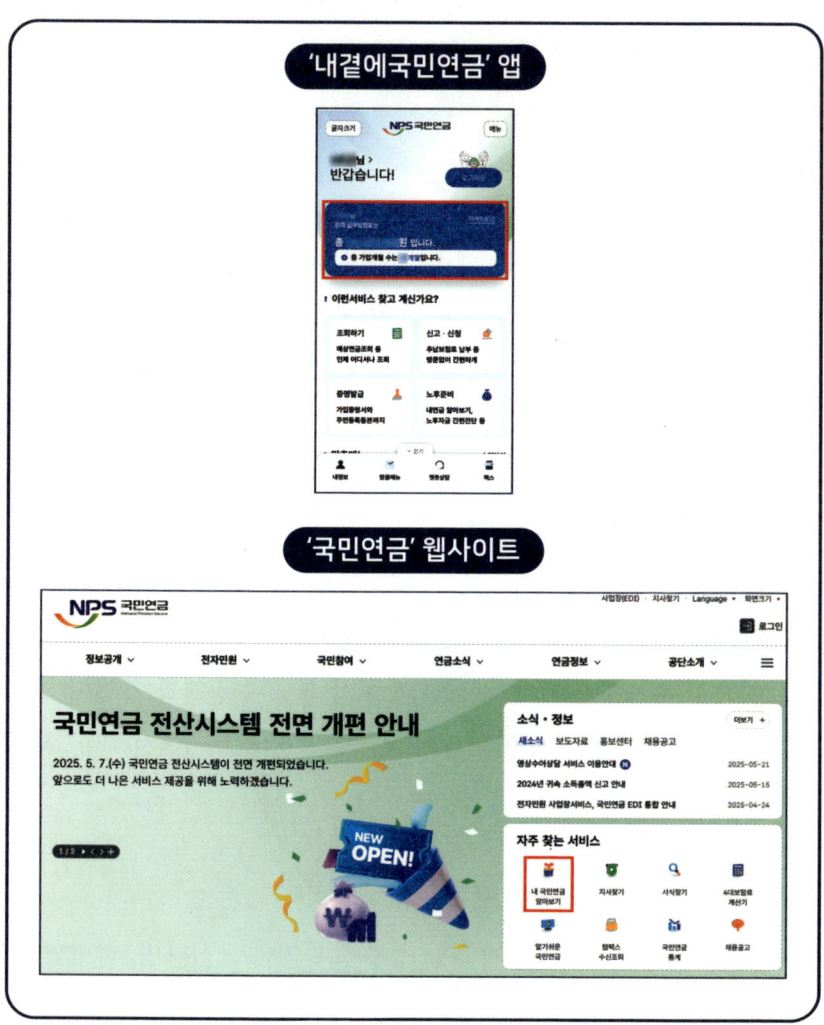

2-3. 연금 확인 시 도움되는 사이트: 통합연금포털

금융감독원이 운영하는 통합연금포털은 노후 준비를 효율적으로 지원하기 위한 연금 통합 온라인 플랫폼이다. 2015년 6월 금융소비자의 체계적 노후 설계 지원을 위해 최초 구축되었으며 해당 사이트를 통해 공적연금과 사적연금을 통합적으로 관리할 수 있는 특징이 있다.

통합연금포털의 핵심 기능 중 하나는 '내 연금 조회' 서비스이다. 이 서비스를 통해 사용자는 다양한 금융기관과 공적연금기관에 가입한 모든 연금 정보를 한 번에 확인할 수 있다. 구체적으로는, 은행 16개, 증권 28개, 보험 32개, 기타 4개 등 다수의 사적연금기관과 함께 국민연금, 공무원연금, 사학연금, 주택연금, 과학기술인공제회, 근로복지공단 등 6개의 공적연금기관에 가입한 연금 정보를 종합적으로 조회할 수 있다.

조회 가능한 연금 종류는 국민연금, 퇴직연금(DC, 기업형IRP, 개인형IRP), 퇴직연금 확정급여형(DB), 개인연금 등으로 다양하다. 각 연금별로 가입자 구분, 연금 종류, 예상 연금 수령액 등의 상세 정보도 확인할 수 있어 자신의 노후 준비 상태를 포괄적으로 파악하는 데 매우 유용하다.

'내 연금 조회'를 위해서는 금융감독원 홈페이지에 접속한 후 '내 연금 조회'를 클릭하고 회원가입 및 로그인 절차를 거쳐야 한다. PC와 모바일 모두 이용 가능하며 로그인 후에는 국민연금, 퇴직연금, 개인연금, 추가연금 등 가입한 모든 연금 정보가 한눈에 보이는 화면이 제공된다. '계약상세' 버튼을 통해 각 연금의 납부 개월 수, 납부 총액 등 더 자세한 정보도 확인할 수 있다.

 다만 조회 시 몇 가지 유의사항이 있다. 연금 개시 예정일은 만 60세를 가정한 것으로 실제 개시 예정일과 차이가 있을 수 있으며, 소득세법상 연금 수령 요건(5년 경과)을 충족하지 못한 경우 60세에 연금 수령이 불가능할 수도 있다. 또한 신규 가입, 추가 납입, 해지 등의 변경 사항은 사유 발생일 다음 달 10일 이후부터 반영된다.

연금상품 수익률 비교 기능

 통합연금포털의 또 다른 중요한 기능은 '연금상품 비교 공시' 서비스이다. 이 서비스는 연금저축 비교 공시, 퇴직연금 비교 공시, 원리금 보장 연금상품 메뉴로 구분되어 있다.

 연금저축 상품 비교 공시 메뉴에서는 회사별, 상품별 수익률과 수수료율(납입 원금 대비)을 편리하게 비교할 수 있다. 특히 2021년 개편을 통해 신설된 회사별 수익률/수수료율 비교 기능은 금융회사 간 성과 비교를 용이하게 해준다.

 상품별 수익률/수수료율 비교 메뉴에서는 권역, 금융회사, 판매 여부, 원금 보장, 수수료 구조 등 다양한 옵션을 지정하여 자신에게 맞는 금융 상품을 효율적으로 찾을 수 있다.

[연금저축상품 비교공시 화면]

회사별 수익률·수수료율

상품별 수익률·수수료율

Part 2-1. 저축성보험/연금보험

간편 세금 계산 / 재무설계 기능

통합연금포털에서는 연금 관련 세제 정보와 노후 재무 설계 서비스를 제공하고 있다. 기존의 연금저축 세제, 퇴직연금 세제 메뉴에서는 상품별 세율, 중도 해지 시 과세, 부득이한 사유로 인한 인출 시 과세, 연금 수령 시 과세, 연금 수령 방법 등에 대한 정보를 안내하고 있으며, 간단한 정보(나이, 은퇴 시기 등)만 입력하면 노후 필요 자금 및 월 생활비 필요액을 계산할 수 있다. 회원으로 로그인한 경우 이미 가입한 연금 자산의 과부족액도 함께 안내받을 수 있어 더욱 정확한 노후 설계가 가능하다.

[연금저축 세제 & 노후 재무설계 화면]

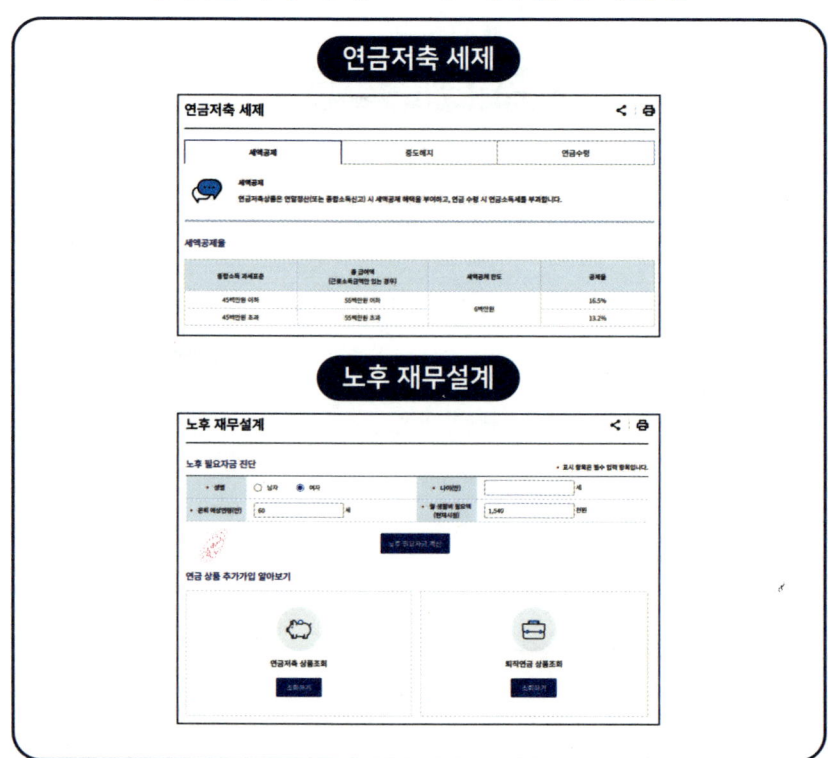

Part 2-1. 저축성보험/연금보험

Part 2-2

종신보험, 기본부터 똑똑하게

1장. 종신보험, 이것만은 알고 가자

1-1. 종신보험 기본 개념

  종신보험은 보험 대상이 되는 피보험자가 사망할 때까지 평생 동안 보장을 제공하는 생명보험 상품이다. 이 상품은 1940년부터 1970년 사이에 미국 등 선진국에서 가족의 경제적 안전망을 확보하는 중요한 보장 수단으로 알려지면서 우리나라에는 1997년부터 푸르덴셜생명보험이 종신보험을 처음 도입하여 큰 성공을 거두었다. 이후 메트라이프, ING생명 등 외국계 생명보험회사들이 잇따라 종신보험을 출시하면서 시장이 본격적으로 형성되었다. 현재는 다양한 상품들이 출시되면서 명실상부한 생명보험의 중요 상품으로 자리매김하고 있다.

1-2. 종신보험 용어 알기: 계약자, 피보험자, 수익자

종신보험은 계약자, 피보험자, 수익자라는 세 가지 보험 당사자가 보험 당사자가 정확히 지정되어야 하는 상품이다. 계약자는 보험계약의 주체로서 보험료를 납입할 의무와 계약상 권리를 가지는 당사자로 보험을 실제로 가입하고 관리하는 사람이다. 피보험자는 보험의 보장 대상이 되는 사람으로 사망 등 보험사고가 발생할 경우 그 사고의 주체가 되는 당사자이다. 수익자는 보험사고 발생 시 보험금을 실제로 수령하는 사람이다. 수익자는 계약자가 지정할 수 있으며 지정하지 않으면 법정상속인이 되는 경우가 많다.

만약 부모가 사망 보장이 필요해서 종신보험을 가입했는데 계약자, 피보험자, 수익자를 모두 부모로 하게 되면 부모 사망 시 지급되는 사망보험금에 대해 예상치 못한 세금이 부과될 수도 있다. 부모가 보험료를 납입하는 계약자이면서 보장 대상이 되는 피보험자이기도 하면서 수익자 지정을 안 해서 부모가 수익자인 경우 자녀가 해당 보험금을 수령하게 되면 상속세 과세 대상이 될 수 있다. 따라서 종신보험을 가입하는 경우 계약자, 수익자 지정을 지정을 신중하게 해야 한다.

앞서 설명한 것처럼 계약자, 피보험자, 수익자의 지정 방식에 따라 보험금이 누구에게 지급되고 어떤 세금이 부과되는지가 달라지기 때문에 매우 중요하다. 상속세뿐만 아니라 소득세, 증여세 등 다양한 세금 문제가 발생할 수 있으므로 보험 권리자 지정에 신중을 기해야 한다.

[세금 과세 기준 비교]

계약자	피보험자	수익자	과세 종류
부모	부모	자녀	상속세
부모	자녀	자녀	증여세

  그리고 세금뿐만 아니라 수익자가 적절히 지정되어 있지 않으면 보험금 수령에 분쟁이 발생할 수 있다는 위험이 존재한다. 이혼이나 재혼 등의 가족관계 변화는 보험금 수령권에 직접적인 영향을 미친다. 특히 계약자와 피보험자가 다르고 수익자가 지정되지 않은 경우 보험금을 청구할 권리가 누구에게 있는지 혼란이 생길 수 있다는 문제가 있으니 종신보험은 해당 권리자가 누구로 되어 있는지 반드시 확인할 필요가 있다.

1-3. 정기보험 vs 종신보험, 나는 어떤 보장이 필요한가

 경제활동을 하는 부모들에게 생명보험은 가장이 사망했을 때 남겨진 가족의 생활을 경제적으로 보장하기 위한 중요한 상품이다. 이렇게 가장의 사망에 대한 보장은 생명보험에서 정기보험과 종신보험 상품을 통해 보장이 가능하다.

 정기보험과 종신보험의 가장 큰 차이는 바로 보장 기간이다. 정기보험은 10년, 20년, 30년 등 일정 기간 동안만 보장을 제공하는 상품이다. 내가 경제활동하는 시기까지 사망 보장이 필요하다고 생각하면 정기보험을 통해 정해진 기간까지만 사망 보장을 받을 수 있다. 반면 종신보험은 계약자가 사망할 때까지 즉 종신까지 사망에 대해서 보장이 가능한 상품이다. 정기보험과 종신보험의 보장 기간의 차이로 보장 기간뿐만 아니라 보험료 등의 내용도 달라질 수 있다.

[정기보험 vs 종신보험]

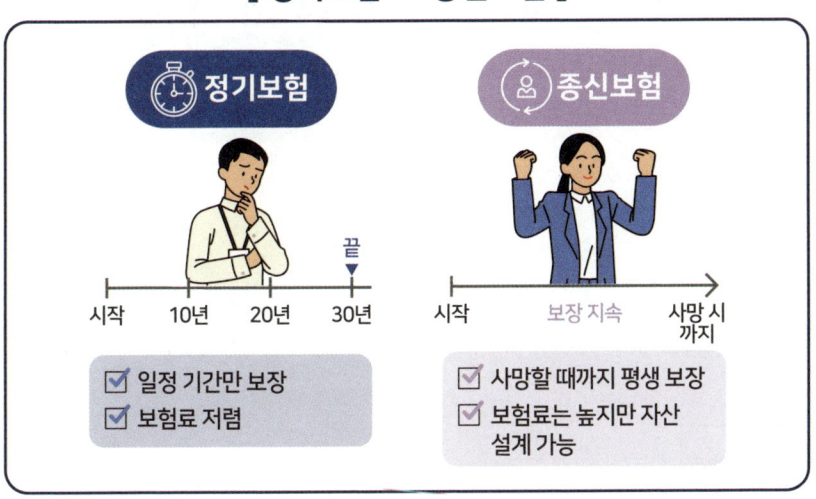

Part 2-2. 종신보험, 기본부터 똑똑하게

보험료 측면에서 정기보험은 종신보험보다 상대적으로 저렴한 편이다. 앞서 설명한 것처럼 종신보험은 종신토록 보장되지만 정기보험은 일정 기간 동안만 보장을 제공하기 때문에 보험료 차이는 날 수밖에 없다. 하지만 정기보험은 해지 환급금이 없는 순수 보장형 상품이다. 이에 비해 종신보험은 해지 환급금이 축적되어 필요한 경우 노후자금 또는 중도 인출 등으로 자금을 활용할 수 있는 장점을 가지고 있다.

[해지 환급금 & 자산 활용 비교]

항목	정기보험	종신보험
해지 환급금	없음	있음
자금 활용성	없음	노후자금 / 중도 인출 / 목적자금 등 활용 가능
보험 구조 요약	순수 보장형	자산형 보장 + 유연한 자금 설계 가능

최근 종신보험은 다양한 상품 기능이 추가되고 있다. 정기보험은 사망 보장에 집중한 단순한 구조를 가진 상품인 반면 종신보험은 연금 전환 특약, 질병 시 사망보험금 선지급 상품, 단기납종신 등 다양한 상품들이 출시되고 있다.

1-4. 연금전환 기능이 있는지 확인하라

종신보험을 잘 활용할 수 있는 방법 중 하나는 연금전환 기능이 있는지를 확인하는 것이다. 종신보험은 보장성 보험이지만 해약환급금이 다른 보장성 보험 대비 많이 쌓여서 연금전환으로도 활용 가능하다. 보험사에서 정한 일정 조건을 충족할 시 해약 환급금을 활용하여 연금으로 전환해 받을 수 있도록 하는 것이다. 경제활동 중에는 가장의 유고를 대비한 사망 보장을 받다가 노후에 연금이 필요해지는 시점에 연금으로 전환하면 해당 보험상품을 통해 연금을 지급받을 수 있다.

하지만 연금전환이 무조건 가능한 것은 아니다. 연금전환은 연금전환 특약이 부가된 종신보험 상품에 한해서만 가능하며 보험료 납입이 완료되어 있어야 한다. 예를 들어 20년 납입 상품이라면 20년 보험료를 모두 납입한 이후에만 연금전환이 가능하다. 또한 일시납 상품의 경우 보험사마다 차이가 있지만 대체로 가입 후 5년 이상 경과해야 연금전환이 가능하다.

[연금전환 가능 조건 체크리스트]

☑ **연금전환 특약** 부가된 종신보험인가?
☑ 보험료 **납입 완료** 상태인가?
☑ 일시납 상품이라면 **5년** 이상 경과했는가?
➡ 모든 조건 충족 시 연금전환 가능

연금전환 방식은 크게 두 가지로 나뉜다. 첫 번째는 종신보험을 해지하고 해약환급금을 일시납 형태로 연금보험에 납입해 연금을 받는

방식이고, 두 번째는 사망보험금의 일부를 연금으로 미리 지급받는 '연금 선지급' 방식이다.

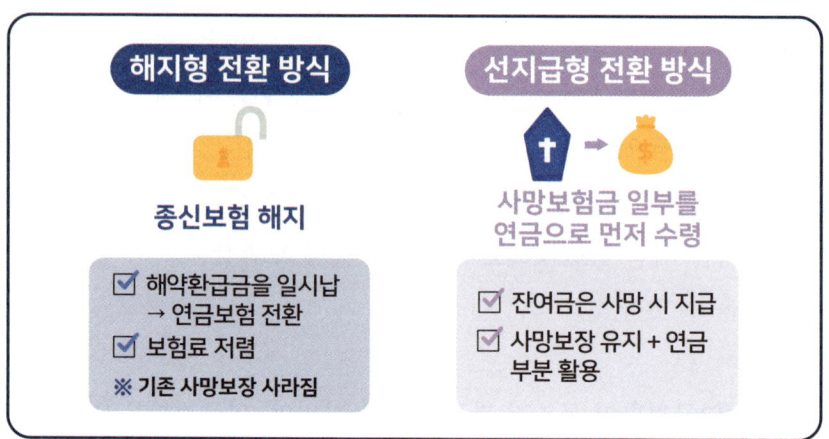

연금 지급 형태는 확정형, 종신형으로 구분된다. 확정형은 지정한 기간 동안 정액 연금을 지급하는 방식이고 종신형은 사망 시점까지 평생 연금을 지급하는 방식으로 매달 수령액은 확정형보다 적다.

여기서 주의해야 할 점은 종신보험은 저축성 상품이 아니라 보장성 상품이므로, 사업비와 위험 보험료 비중이 높아 같은 보험료를 납입한 연금보험보다 연금 수령액이 적을 수 있다. 연금전환 시 해약환급금 기준으로 연금이 산정되므로 실제로 받는 금액이 납입한 보험료보다 적을 수 있다.

연금전환 시 기존의 사망 보장은 사라지며(해지 방식일 경우), 연금전환 후에는 세제 혜택 등 비과세 요건이 새로 적용되는 점은 참고해야 한다.

1-5. 목돈 마련 전략으로 활용 가능한가

 최근 종신보험을 활용한 목돈 마련 전략이 가능해졌다. 2023년부터 출시된 단기납 종신보험이 바로 그 상품이다. 이 상품은 기존 종신보험의 주목적인 사망 보장을 제공하면서 동시에 목돈 마련 용도로도 활용할 수 있다는 혁신적인 특징을 가지고 있다.

[단기납 종신보험의 이중 기능]

기능	설명	대표 키워드
사망 보장	평생 보장 유지	사망 시 보험금
목돈 마련	해지환급금 활용	단기 납입 → 환급금 활용

 단기납 종신보험은 보험료 납입 기간을 5년, 7년, 10년 등 짧게 설정하여 단기간 동안 보험료를 집중적으로 납입한 뒤 평생 사망 보장을 유지하는 종신보험이다. 최근에는 10년 시점 환급률이 120~130%에 달하는 상품들도 출시되어, 목돈 마련과 보장 목적을 동시에 추구할 수 있어 인기를 끌고 있다.

 앞서 설명드린 대로 이 상품의 가장 큰 매력은 저축과 보장의 이중 기능이다. 전통적인 종신보험이 보장 부분에 강조되다 보니 보험료가 부담될 수 있는 반면 단기납 종신보험은 경제활동이 왕성한 시기에 보험료를 집중 납입하고 납기 이후 목돈으로 활용할 수 있다는 장점을 가지고 있다. 단기납 종신보험을 목돈 마련용으로 사용할 때 고려해야 할 사항은 바로 세금 부분이다. 일반적인 금융상품의 경우 이자나 수익에 대해 15.4%의 이자소득세가 과세되는데, 종신보험의 해지 환급금은 일정 요건을 충족할 경우 비과세 혜택을 받을 수 있다.

비과세 요건은 보험료 납입 기간이 5년 이상, 계약 기간을 10년 이상 유지하고 월 보험료가 150만 원 이하인 경우 발생한 이자에 대해서 소득세가 면제된다.

[비과세 혜택 조건 3가지]

- ☑ 보험료 납입 기간 **5년** 이상
- ☑ 계약 기간 **10년** 이상 유지
- ☑ 월 보험료 **150만 원** 이하
- ➡ 모두 충족 시, 이자소득세 면제!

이렇게 단기납 종신보험은 사망 보장과 목돈 마련용으로 많은 인기를 끌고 있는 상품이기는 하나 주의해야 할 부분이 있다. 그중 대표적인 내용이 해당 상품이 보험상품이고 적금 상품이 아니라는 것이다. 즉 중도 해지 시 해약 환급금이 생각보다 적거나 없을 수 있는 부분은 고려해야 한다. 비과세 혜택 및 목돈 마련 등은 정해진 기간을 채웠을 때 혜택을 볼 수 있는 내용으로 중도 해지 시에는 원금 손실이 발생할 수 있다는 점을 반드시 고려해야 한다.

1-6. 종신보험 세금혜택

종신보험은 앞서 설명한 것 처럼 사망보장 뿐만 아니라 상속세 재원 마련과 절세를 동시에 실현할 수 있는 도구이다. 보험권리자인 계약자, 피보험자, 수익자의 관계를 전략적으로 설정하면 상속세 부담을 줄일 수 있다.

종신보험 부부 크로스 계약

부부 크로스 계약은 부부가 서로 교차하여 종신보험에 가입하는 방식으로 남편이 피보험자일 때 아내가 계약자이자 수익자가 되고 아내가 피보험자일 때 남편이 계약자이자 수익자가 되는 구조이다. 이때 각자 자신의 소득으로 보험료를 납부하는 것이 핵심 요건이며 상속증여세법 제8조에 따르면 보험료를 납부한 계약자와 보험금 수익자가 동일할 경우 사망보험금은 상속세 과세 대상에서 제외되므로 남편이 사망하면 아내가 상속세 부담 없이 보험금을 수령할 수 있고 반대의 경우도 마찬가지이다.

[종신보험 부부 크로스 계약]

항목	내용
계약 구조	부부 교차 가입
계약자	남편 ↔ 아내
피보험자	아내 ↔ 남편
수익자	계약자와 동일
보험료 납입	각자 자신의 소득
절세 효과	상속세 비과세 (상증세법 제8조)

Part 2-2. 종신보험, 기본부터 똑똑하게

유의 사항	계약자 = 수익자 = 납입자 일치 필요

종신보험 자녀 크로스 계약

 자녀 크로스는 자녀가 계약자이자 수익자가 되고 부모가 피보험자가 되는 구조로, 자녀가 직접 보험료를 납부하는 방식이다. 예를 들어 연 소득 5,000만 원의 자녀가 부모를 피보험자로 하는 10억 원 종신보험에 가입하여 월 100만 원의 보험료를 납부한다면, 부모 사망 시 지급되는 10억 원의 보험금은 상속재산에 포함되지 않아 상속세가 부과되지 않는다.

 다만 자녀가 실질적인 경제적 능력을 갖추고 실제로 보험료를 납입해야 하며, 보험료 납입 능력을 입증할 수 있는 소득 증빙이 필요할 수 있다. 단순히 명목상으로만 자녀 명의로 하거나 부모가 자녀 계좌로 돈을 보내어 보험료를 납부하는 것은 세무상 인정받기 어려우며, 증여세 문제가 발생할 수 있다.

[종신보험 자녀 크로스 계약]

항목	내용
계약 구조	자녀 → 계약자/수익자 부모 → 피보험자
보험료 납입	자녀 본인 소득으로 직접 납입
절세 효과	사망보험금 상속세 면제 가능
조건	자녀 실소득 증빙 필수
유의 사항	부모가 대신 납입하면 증여세 문제 발생

앞서 설명한 것처럼 종신보험의 절세 효과는 계약 구조 설정에 따라 완전히 달라진다.

 만약 가입한 종신보험의 권리자가 누구로 되어 있는지 모르면 보험사 콜센터 또는 보험 증권을 통해 확인하고 권리자를 변경하는 것이 좋다. 다만 계약자 변경을 통한 절세 전략으로 부모가 계약자로 가입한 종신보험을 자녀에게 계약자 변경할 때는 그 시점의 해지환급금에 대해 증여세가 부과될 수 있으므로 변경 시점과 방법은 보험 전문가와 논의하여 신중하게 결정해야 한다.

Part 3

생활 속 보험상식

1장. 약관 보는 방법

보험 약관은 보험금 지급 근거가 되는 매우 중요한 서류이다. 그래서 보험 약관 내용을 이해하고 보험금 청구 시 활용하는 것은 매우 중요한 부분이다. 하지만 보험 약관 내용이 많으며 법률 및 의학 용어 등으로 일반인들이 쉽게 접근하기는 어렵다. 그래서 해당 보험 약관을 최대한 쉽게 접근할 수 있는 방법을 안내하고자 한다.

첫 번째 단계는 약관의 구조를 파악하는 것이다. 일반적인 보험 약관은 보험료 납입, 계약자 의무, 보험 계약의 성립과 유지, 마지막으로 보험금 지급 순으로 논리적인 구성을 갖추고 있다. 이런 구조를 이해하면 보험 계약의 시작부터 종료까지의 전 과정을 시간 순서에 따라 배열한 것이기 때문에 보험 계약 시점부터 보험금 청구 및 보험 해지 등 보험 흐름을 이해하면 필요한 정보를 보다 쉽게 찾을 수 있다.

보험 약관을 이해하는 두 번째 단계는 목차를 통해 해당 보험 상품의 전체 내용을 파악하는 것이다. 약관의 서두에 위치한 목차는 전체 내용의 흐름과 구성을 한눈에 보여주는 중요한 나침반 역할을 한다. 해당 보험 상품 가입 대상 및 가입자 유의사항, 주요 내용 요약서, 보험 용어 해설 등은 우선적으로 확인해야 할 핵심 섹션들이다. 이러한 부분들을 먼저 살펴보면 약관의 전반적인 구조와 중요 포인트를 미리 파악할 수 있어 이후 세부 내용을 읽을 때 더욱 효과적으로 이해할 수 있다.

 마지막 세 번째 단계는 보험 약관의 핵심 내용을 정확히 파악하는 것이다. 그중에서도 보험금 지급 기준표는 보험 상품의 가장 중요한 내용을 담고 있어 특별한 주의를 기울여야 하는 부분이다. 구체적으로 보험금의 종류와 각각의 지급 사유를 명확히 파악해야 하며 동시에 지급 불가 사유도 꼼꼼히 확인해야 한다. 많은 보험 분쟁이 보험금 지급 불가 사유에 대한 이해 부족에서 비롯되기 때문이다. 또한 보험금 지급 절차와 조건 내용은 반드시 검토해야 한다.

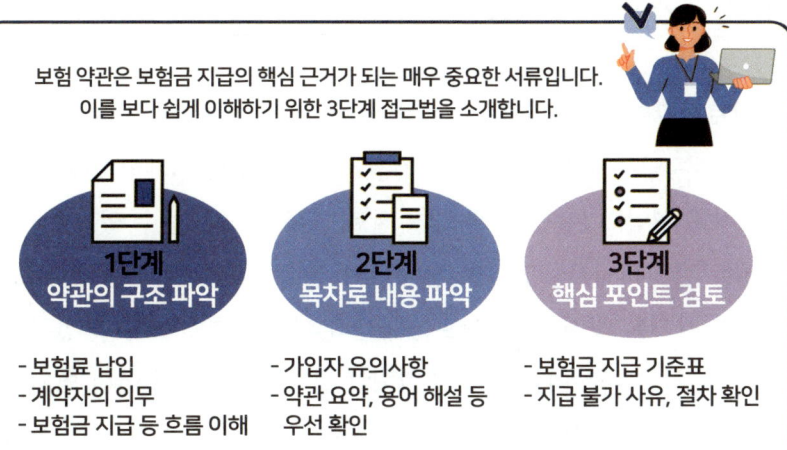

Part 3. 생활 속 보험상식

2장. 건강e음 어플 사용

　보험 가입 시 고지 의무를 제대로 이행하지 않을 경우 병원 치료 후 보험금 청구 과정에서 어려움을 겪을 수 있다. 자신의 건강 상태를 알고, 보험 가입 시 해당 내용을 정확히 고지해야 하지만 1년 이상 지난 병원 방문 내용을 기억하지 못하는 경우도 발생할 수 있다. 이런 상황을 사전에 방지하기 위해 자신의 건강 이력을 쉽게 파악할 수 있는 어플을 소개한다.

　건강보험공단에서 운영하는 '건강e음' 어플은 지난 5년간 진료 정보를 확인할 수 있는 유용한 앱이다. 건강e음 어플에서는 본인 인증 후 '내 진료정보 열람' 기능을 통해 과거 진료 기록을 살펴볼 수 있으며, 이용 시에는 반드시 본인 명의의 휴대폰이 필요하다. 다만 한 번에 조회 가능한 기간은 최대 1년이므로 5년간의 의료 기록을 모두 확인하려면 1년씩 기간을 나누어 총 5번 조회해야 한다. 이를 통해 어떤 병원에서 어떤 약을 처방받았고 몇 번 통원했는지까지 세밀하게 파악할 수 있다.

[건강e음 어플 화면]

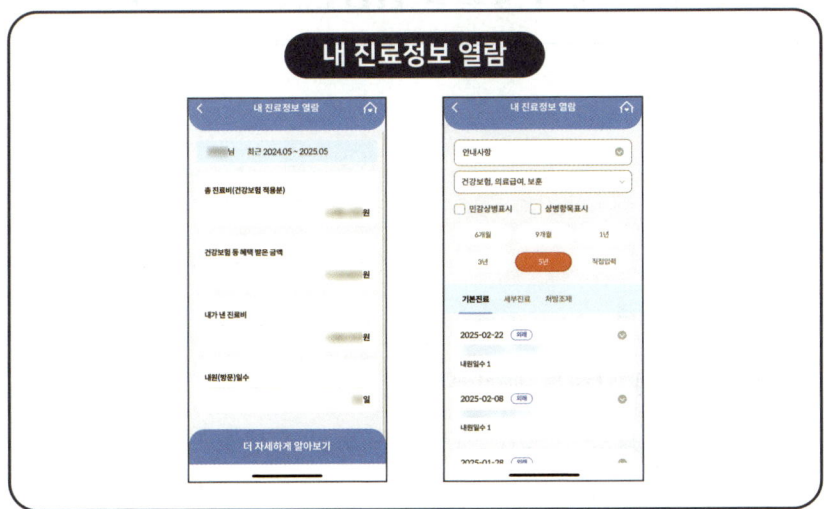

비급여 진료도 조회

건강 관리와 함께 고민되는 부분이 바로 의료비 부담이다. 건강e음 어플에서는 비급여 진료비에 대한 내용도 확인할 수 있다. 현재 건강보험심사평가원에서는 비급여 진료비용 정보 공개 제도를 시행하고 있어 전국 의료기관의 623개 비급여 항목 가격을 확인할 수 있다.

HIRA 홈페이지나 건강e음 어플을 통해, 지역별·의료기관 규모별로 비급여 진료비를 비교할 수 있으며 이는 예방접종이나 도수치료와 같이 병원마다 가격 차이가 큰 의료 서비스를 선택할 때 매우 유용하다. 단, 본인 명의의 휴대폰만 사용할 수 있다.

3장. 보험을 해지해도 보험금을 받을 수 있는 방법

많은 사람들이 보험을 해지하면 더 이상 보험금을 받을 수 없다고 생각하지만 실제로는 보험 해지 후에도 보험금을 청구할 수 있다. 보험금 청구 시 조건은 보험 계약이 유효했던 기간 중에 발생한 보험사고에 대해서는 해지 이후에도 청구권이 인정된다는 점이다.

지금은 보험을 해지해 가입한 보험이 없더라도 보험 계약 당시 발생한 사고에 대해서는 보험금 청구가 가능하다. 즉 보험 계약 기간 동안 발생한 보험사고는 현재 보험 계약 유지 여부와 관계없이 청구할 수 있다.

[보험 해지했더라도 보험금 받을 수 있는지 판단하는 기준]

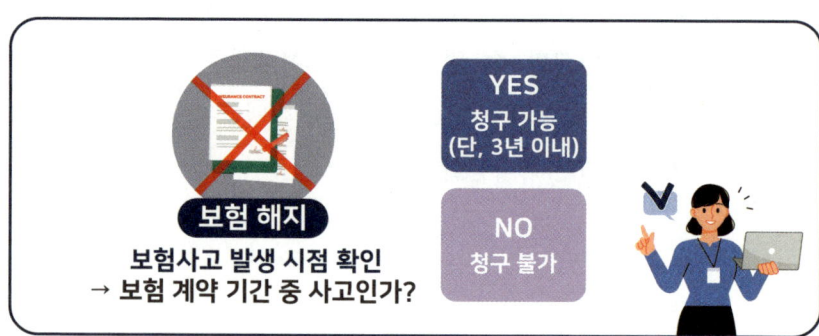

만약 보험에 가입되어 있던 기간 중에 발생한 질병이나 상해에 대해 그 당시 보험금을 청구하지 못하고 해지했더라도 해당 건에 대해 보험금 청구는 가능하다.

하지만 모든 보험금 청구가 가능한 것은 아니다. 보험금 청구권 소멸시효(청구 가능 기간)을 확인해야 한다. 상법에 따르면 보험금 청구권은 보험금 지급 사유가 발생한 날로부터 3년 이내에 행사하지 않으면 소멸된다. 여기서 '보험금 지급 사유가 발생한 날'이란 실제 치료를 받은 날, 질병 진단일, 또는 상해 발생일을 의미한다. 따라서 보험 계약을 해지했더라도 이 3년의 시효 기간 내에는 보험금 청구가 가능하다.

해당 기간에 속한 보험사고라면 보험금 청구가 가능하지만 그 사고나 질병이 보험 계약 기간 중에 발생했음을 증명할 수 있는 병원 서류가 필요하다. 병원 진료 기록, 처방전, 진단서 등의 의료 기록이 가장 중요한 증빙 자료가 된다. 이러한 자료들은 사고 발생 시점을 명확히 보여주므로 치료받은 병원에서 해당 서류를 발급받는 것이 중요하다.

이미 지난 치료 건이라도 가입한 보험 내역과 병원 이력을 확인하면 놓친 보험금을 찾는 데 도움이 된다.

4장. 보험금 청구 가능 기간

앞서 설명한 대로 보험금 청구에는 법적으로 정해진 시효가 있으며 이를 소멸시효라고 한다. 보험 가입자가 보험금을 청구할 수 있는 권리는 상법에 따르면 보험사고가 발생한 날로부터 3년이다. 즉 사고일, 진단일, 사망일, 치료일 등을 기준으로 3년 이내에 보험금을 청구해야 하며 이 기간을 넘기면 법적으로 청구권이 소멸된다.

소멸시효는 과거(2015년 3월 12일 이전)에는 보험금 청구권의 소멸시효가 2년이었으나 상법이 개정되면서 3년으로 연장되었다. 현재 상법 제662조에서는 보험금 청구권과 보험료 반환청구권 및 해지환급금 청구권을 3년으로, 보험료 청구권은 2년으로 각각 규정하고 있다.

소멸시효의 기산점, 즉 시효가 시작되는 시점은 보험사고가 발생한 날이다. 구체적으로 사망보험금의 경우 사망일이, 진단보험금의 경우 진단일이, 입원비의 경우 입원일이 각각 소멸시효의 기산점이 된다. 특별한 사정이 없는 한 보험사고 발생일을 기준으로 시효가 계산되므로 보험 가입자는 이 점을 명확히 인지하고 있어야 한다.

[보험금 청구 소멸시효]

구분	기준일(기산점)	소멸시효 기간
진단 보험금	진단일	3년
입원·수술비	치료 시작일(입원일 등)	3년
사망 보험금	사망일	3년
후유장해 보험금	후유장해 진단서 발급일	3년
보험료 청구권	보험료 납부일	2년

 소멸시효가 종료되면 원칙적으로 보험금 청구권이 소멸되어 더 이상 보험금을 청구할 수 없다. 3년이라는 기간이 경과하면 법적으로는 보험사가 보험금 지급을 거부할 수 있는 근거가 생기게 된다. 그러나 현실적으로는 일부 보험사에서 소비자 권익 보호 차원에서 소멸시효가 지난 보험금도 제한적으로 지급하는 사례가 있다. 따라서 소멸시효가 지난 건이라 하더라도 보험금 청구를 한 번 진행해보는 것을 추천한다.

 보험상품별 보험사고 발생일에 대한 정의를 정확히 파악하는 것이 좋다. 실손 및 수술비보험은 사고 발생일 기준이 입원 등 치료를 받은 시점이지만 후유장해보험금은 후유장해진단서 발급일 기준이기 때문에 해당 기준일로부터 3년 기간 동안 보험금 청구가 가능하다.

 따라서 보험사고 발생일(기준일)을 보험약관 또는 보험전문가에게 문의해서 보험금 청구 여부를 확인하는 것도 좋은 방법이 될 수 있다. 보험사고 3년 이내인 경우 가능한 한 빠른 시일 내에 보험금 청구 절차를 시작하는 것이 중요하며 보험금 청구 시 필요서류도 잘 준비하여야 한다.

[소멸시효 3년, 보험금 청구 가능한지 판단하는 기준]

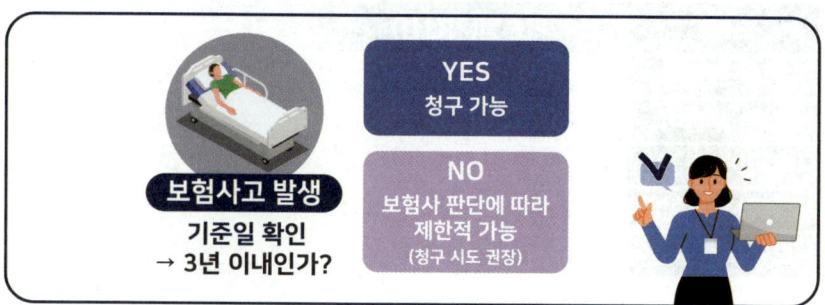

5장. 보험금 청구 시 필요 서류

보험금을 청구하기 위해서는 필요한 서류들을 잘 준비해야 한다. 필수 서류가 누락되는 경우 보험사에서는 보험금을 지급 거절하거나 추가 서류를 요청할 수 있다.

보험금 청구 시 공통으로 필요한 서류는 보험금 청구서, 개인정보 동의서, 신분증 사본, 그리고 수익자 통장 사본이다. 해당 서류들은 보험사가 보험 가입자의 신원을 확인하고 보험금을 지급하기 위한 기본 서류들이다.

기본 서류 이외의 추가 서류는 치료 방법 및 보험상품별로 조금씩 차이가 난다.

입원 보험금을 청구할 때는 앞서 설명한 기본 서류 외에 진단서 또는 입퇴원 확인서가 필요하며 해당 서류에는 진단명과 입퇴원일이 명확히 기재되어 있어야 한다. 또한 진료비 계산서와 영수증, 그리고 진료비 세부 내역서도 추가 제출해야 할 수 있다.

수술 보험금을 청구할 때는 수술 확인서 또는 진단서가 필요하며 이 서류에는 수술명과 수술 일자가 정확히 기재되어 있어야 한다. 수술의 종류와 시행 날짜, 수술 코드 등은 보험금 지급 여부를 결정하는 데 핵심 정보이므로 해당 내용을 잘 확인해야 한다.

통원 보험금의 경우 청구 금액에 따라 필요한 서류가 달라진다. 3만 원 이하의 소액 청구 시에는 진료비 영수증만으로도 충분하다. 3만 원을 초과하고 10만 원 이하인 경우에는 진료비 영수증과 함께 질병분류 기호가 기재된 처방전을 추가로 제출해야 한다. 10만 원을 초과하는 경우에는 앞서 언급한 서류들과 함께 진단서나 통원 확인서 등의 추가 증빙 서류가 필요하다.

진단 보험금의 경우에는 진단서와 검사 결과지가 필요하다. 특정 질병의 진단을 확인하는 것이 목적이므로 정확한 진단명과 진단 근거가 되는 검사 결과가 반드시 포함되어야 한다.

후유장해 보험금의 경우에는 후유장해 진단서가 기본적으로 필요하며 각 질환별로 추가 서류가 요구된다. 만성 신부전의 경우 최초 혈액투석일과 환자 상태가 기재된 서류가 필요하고 사지 절단의 경우 절단 부위와 현재 상태, 접합 여부 등이 기재된 서류와 함께 X-ray 결과지도 첨부해야 한다. 인공관절 치환술의 경우 치환 일자와 부위가 명시된 서류 등 보험사에서 정한 서류가 각각 필요하다.

[보험금 종류별 필요 서류]

보험금 종류	기본 서류	추가 서류(상황별)
입원 보험금	청구서, 신분증, 통장 사본 등	진단서 또는 입퇴원확인서, 진료비 계산서, 세부내역서
수술 보험금		수술확인서 또는 진단서, 수술명/일자, 수술코드
통원 보험금		(금액별) 3만 원 이하: 영수증만 3만~10만 원: 영수증 + 처방전 10만 원 이상: + 진단서
진단 보험금		진단서, 검사 결과지
후유장해 보험금		후유장해진단서 + (질환별 서류) 절단: X-ray, 접합여부 인공관절: 부위·일자 확인 서류

6장. 보험의 면책기간과 감액기간

보험금 청구할 때 보험 가입자가 반드시 알아야 할 중요한 보험 개념이 있다. 바로 면책기간과 감액기간이다. 이 두 기간은 보험금 지급 시기와 금액에 직접적인 영향을 미치므로 정확히 파악하는 것이 중요하다.

면책기간은 보험 가입 후 일정 기간 동안 보험사가 보험금 지급 책임을 지지 않는 기간을 의미한다. 즉 이 기간 중에 보험금 지급 사유가 발생하더라도 보험사는 보험금을 전혀 지급하지 않는다. 면책기간은 주로 암보험, 실손보험, 치아보험과 같은 특정 질병 관련 보험에서 적용되며, 일반적으로 90일에서 180일, 즉 3개월에서 6개월 정도로 설정되는 경우가 많다. 보험사와 상품에 따라 면책기간 설정에 차이가 날 수 있으며 일부 보험사는 면책기간이 없는 상품들도 출시하고 있다. 보험 가입 후 언제부터 보장받을 수 있는지 확인하기 위해서는 면책기간을 확인해야 한다.

[면책기간 vs 감액기간 비교]

구분	면책기간	감액기간
정의	보험 가입 후 일정 기간 동안 아예 지급 안 됨	보험 가입 후 일정 기간 동안 일부만 지급됨
적용 시기	암보험, 실손보험, 치아보험 등	암보험, 뇌출혈보험, 심장질환보험 등
일반 기간	약 90~180일(3~6개월)	약 1~2년
지급 비율	0%(전액 미지급)	50% 수준(상품에 따라 다름)
확인 방법	약관, 상품설명서, 보험 전문가	
유의사항	보장 시작일 혼동 주의	감액률 적용 시 보험금 감소에 주의

그리고 두 번째로 알아야 할 개념이 감액기간이다. 해당 기간은 보험 가입 후 일정 기간 동안 보험금의 전액이 아닌 일부만 지급되는 기간을 의미한다. 감액기간에 보험금 청구하면 보험금 일부만 지급된다.

일반적인 경우 감액기간 동안은 보험금의 50%만 지급되는 형태가 많다. 감액기간은 주로 암보험, 뇌출혈보험, 심장질환보험과 같은 중대한 질병 진단 보험에서 적용되며 보통 1년에서 2년 정도로 설정된다. 보험사와 상품에 따라 기간과 감액 비율에는 차이가 있을 수 있다.

면책기간과 감액기간은 보험금 청구 시 보험금과 직결되는 부분이기 때문에 보험 가입 전 반드시 확인해야 하며 이미 가입된 보험상품도 보험 약관 또는 보험 전문가를 통해 해당 기간을 확인한 후 청구하는 것을 추천한다.

7장. 절대 서명하면 안 되는 보험 서류

 보험금 청구 과정에서 보험사는 조사 대상이 되거나 해당 질병에 대해서 확인할 필요가 있는 경우 다양한 서류를 요청하며 보험사에서 직접 해당 질병에 대해서 조사하고자 여러 서류에 서명을 요구하기도 한다. 하지만 이 중에는 서명할 경우 보험금 지급받기가 매우 어려워지는 서류들이 있다.

 첫 번째, 보험사에서 보험금 관련 서명을 요청하는 서류 중 서명하면 안 되는 서류 첫 번째는 바로 면책동의서이다. 이 서류는 면책확인서, 보험금 부지급 확인서, 면책합의서 등 다양한 명칭으로 불리지만 본질은 동일하다. 면책동의서는 보험사가 보험금 지급을 거부하는 것에 동의하고 향후 이 건에 대해 어떠한 이의도 제기하지 않겠다는 내용을 담고 있다. 이 서류에 서명하는 순간 보험 가입자는 향후 소송 등 모든 법적 권리 행사가 원천적으로 차단된다. 설령 나중에 보험금 지급 사유가 명확히 인정되더라도 이미 서명한 면책동의서로 인해 보험금을 청구할 수 없게 된다.

 부제소 합의서 또한 절대 서명해서는 안 되는 서류이다. 이 서류는 보험금 지급 거부에 동의하면서 동시에 앞으로 민사소송이나 형사고발 등 일체의 법적 분쟁을 제기하지 않겠다는 내용을 포함한다. 부제소 합의서에 서명하면 보험금 청구권에 대한 소송 등 모든 권리를 스스로 포기하게 되어 나중에 억울한 상황이 발생해도 구제받을 방법이 없어진다.

의료자문 동의서도 신중하게 검토해야 할 서류이다. 이 서류는 보험사가 지정한 의사에게 의료자문을 받는 것에 동의한다는 내용이다. 문제는 보험사가 지정한 의사가 보험사에 유리한 방향으로 판단할 가능성이 높다는 점이다. 의료자문 결과가 보험금 지급에 불리하게 작용할 수 있으며 실제로 이러한 동의서에 서명하지 않아도 보험금 지급에는 법적으로 아무런 문제가 없다.

의무기록 열람 동의서는 그 범위를 반드시 확인해야 한다. 특히 병원명이나 기간 등 구체적인 범위 없이 과거 모든 진료 기록 열람에 포괄적으로 동의하는 서류는 위험하다. 이런 서류에 서명하면 불필요하게 과거의 모든 병원 기록이 보험사에 제공되어 보험금 지급에 불리한 자료로 활용될 수 있다. 의무기록 열람 동의는 반드시 필요한 병원과 기간에 한정해서만 해야 한다.

국민건강보험공단 요양급여 내역서나 국세청 연말정산자료 열람 동의서 요청 시에도 보험 가입자는 주의해야 하는 서류이다. 해당 서류에는 본인의 모든 진료 및 치료 내역, 의료비 내역 등 매우 민감한 정보가 포함되어 있다. 보험사에 이런 정보가 제공되면 불필요하게 모든 병원 방문 이력, 진단명, 치료 내역 등이 노출되어 보험금 지급에 불리하게 작용할 수 있다.

보험사는 때때로 이러한 서류들의 서명이 보험금 지급을 위해 필수적이라고 주장하거나 서명하지 않으면 보험금 지급이 지연될 수 있다고 압박을 가할 수 있지만 보험 가입자는 이러한 보험사 압박에 굴복하지 말고 각 서류의 내용과 목적을 정확히 파악한 후 신중하게 판단해야 한다. 특히 면책동의서나 부제소 합의서와 같이 근본적으로 권리를 포기하는 내용의 서류는 어떤 이유로든 서명하지 않는 것이 중요하며, 보험금 청구 과정에서 의문이 생기거나 서류 내용이 명확하지 않다면 전문가의 도움을 받아 신중하게 검토하는 것이 바람직하다.

[절대 서명하면 안 되는 보험 서류 리스트]

서류명	설명
면책동의서	보험금 지급 거부에 동의 + 향후 이의 제기 불가
부제소 합의서	민사·형사 소송 포함 모든 법적 권리 포기
의료자문 동의서	보험사 지정 의사의 의견이 불리하게 작용 가능(법적 의무 아님)
의무기록 열람 동의서	병원명·기간 미기재 시 불필요한 과거 병력 노출 가능
요양급여 내역 ·연말정산자료	민감 정보 과다 노출 → 불리한 해석으로 사용될 가능성 있음

8장. 의료자문 요청 시 대처 방안

 최근 보험금 청구 과정에서 보험사가 의료자문 동의를 요구하는 경우가 많이 발생하고 있다. 이때 많은 보험 가입자들이 어떻게 대처해야 하는지 방법을 제시하고자 한다. 보험사는 의료자문이 보험금 지급의 적정성을 판단하기 위해 외부 전문의의 의견을 구하는 절차라서 반드시 필요하다고 주장하지만 사실은 그렇지 않은 경우가 많다. 해당 의료자문을 통해 보험금 부지급의 근거로 악용되는 사례가 빈번하기 때문에 보험 가입자는 해당 의료자문 요청 시 적절한 대응이 반드시 필요하다.

 보험사가 의료자문을 요청하면 보험 가입자는 본인을 직접 치료한 병원의 진단서와 소견서를 통해 진행을 요구하고 필요한 경우 보험 가입자의 주치의 소견으로 심사해 달라고 요구할 수 있다.

 하지만 보험사가 보험 가입자의 요구에도 불구하고 의료자문을 계속 요청한다면 반드시 의료자문이 필요한 구체적인 사유와 자문 내용, 자문을 받을 병원과 의사의 정보 등을 서면으로 요구해야 한다. 보험사가 어디에, 어떤 내용으로, 어떤 자료를 제공해서 자문을 진행하는지 명확한 안내를 받는 것이 중요하다. 특히 보험사가 원하는 답변을 유도하는 질문이 포함되어 있는지 반드시 확인해야 한다.

보험금 지급 사유에 대해 보험사와 의견이 다를 경우에는 동시감정이라는 제3자 의료자문을 요구할 수 있다. 이는 보험사와 소비자가 함께 제3의 병원을 선정해서 공정한 의료자문을 받는 절차이다. 이때 병원 선정에 소비자가 직접 참여할 수 있으며 현장에서 직접 질의와 응답이 가능하다. 제3자 의료자문은 약관상 선택 조항이므로 동의 여부는 전적으로 소비자의 권리이며 동의하지 않아도 보험금 지급 거절의 사유가 되지 않는다.

의료자문 동의서를 거부하면 보험사가 심사를 보류하거나 청구를 취소하는 식으로 대응할 수 있다. 이런 상황에서는 금융감독원 등 외부 기관에 민원을 제기하거나 분쟁 조정, 소송 등의 추가 절차를 고려할 수 있다. 보험사의 일방적인 압박에 굴복할 필요는 없으며 정당한 권리 행사를 통해 문제를 해결할 수 있다.

만약 의료자문이 진행되어 그 결과가 부지급 근거로 사용되더라도 이는 단순한 참고자료일 뿐이다. 주치의 소견과 상반되는 의료자문 결과가 나온다면 제3자 의료자문이나 법적 분쟁 등의 추가 절차를 통해 해당 사건에 대해서 다툴 수 있다. 의료자문 결과가 절대적인 것은 아니며 보험 가입자는 자신의 권리를 적극적으로 보호해야 한다.

보험사의 의료자문 요청에 대해서는 무조건적인 수용보다는 신중한 검토와 전략적 대응으로 보험 가입자의 권리를 지켜야 한다. 하지만 해당 내용이 쉬운 부분은 아니기 때문에 보험 전문가와 상의하면서 보험금 지급을 잘 진행하는 것이 중요하다.

[의료자문 요청 시 7단계 대응법]

1. 보험사 의료자문 요청
2. 주치의 소견서 등으로 심사 요청
3. 보험사 자문 계속 요구 시 → 사유·자문 기관·의사 등 서면 요청
4. 유도 질문 여부 확인
5. 동시감정 요청 가능(소비자 참여형)
6. 의료자문 동의 거부 시 → 금융감독원 민원·분쟁조정 등 대응
7. 부지급 자문 결과 수령 시 → 주치의 의견으로 반박 or 법적 대응

9장. 보험의 결정요인 경험생명표

경험생명표는 보험개발원이 3~5년마다 작성하는 성별·나이별 사망률, 질병 발생률, 수술 건수 등의 종합 통계 자료로 소위 우리가 이야기하는 평균수명을 보험회사의 방식으로 표현한 방식이다. 해당 경험생명표는 모든 보험 상품의 보험료 산정에 중요한 역할을 한다.

[제10차 경험생명표 주요 변화와 보험료 영향]

구분	내용
개정 시점	2024년 4월, 제10차 경험생명표 적용 시작
평균수명 변화	남자: 86.3세 (↑2.8년) / 여자: 90.7세 (↑2.2년)
사망률 감소 영향	종신보험·정기보험 보험료 3~5% 인하
평균수명 증가 영향	연금보험, 질병보장보험(암·치매 등) 보험료 상승
주요 원인 요약	의료 기술 발전 / 건강 인식 증대 / 생활 환경 개선
미래 전망	경험생명표 평균수명 계속 상승 예상 / 보험료 인상 가능성 존재
가입 전략 제안	지금이 가입 적기: 젊을수록 유리, 보험료 차이 커짐

현재 2024년 4월 개정된 제10차 경험생명표를 적용하고 있다. 해당 경험생명표 기준으로 남자 평균수명은 86.3세 (제9차 대비 2.8년 증가), 여자 평균수명은 90.7세 (제9차 대비 2.2년 증가)이다. 의료 기술의 발전, 건강에 대한 관심 증대, 생활 환경 개선 등이 평균수명이

점차 늘어나면서 경험생명표 수치도 이를 반영하고 있다.

10차 경험생명표가 도입되면서 사망보장보험인 종신보험과 정기보험은 사망률 감소로 인해 보험료가 평균 3~5% 인하된 것으로 파악된다. 하지만 연금보험과 보장성 상품들은 평균수명이 늘어나면서 보험료가 상승하였다. 연금보험은 장수할수록 보험사는 연금을 더 많이 지급해야 하는 리스크가 발생하며 각종 질병에 노출되는 기간이 길어지면서 질병 발생률과 수술 건수도 자연스럽게 증가하게 된다. 특히 장기간병보험, 치매보험, 암보험 등 고령화와 직결되는 상품들의 보험료는 상대적으로 더 큰 폭으로 인상되었다.

현재 우리나라는 세계에서 가장 빠른 속도로 고령화가 진행되고 있으며 의료 기술의 발전으로 평균수명은 앞으로도 지속적으로 증가할 전망이다. 이는 3~5년마다 갱신되는 경험생명표의 평균수명이 지속적으로 상승할 가능성이 높으며 경험생명표 개정은 연금 및 건강보험의 보험료 상승을 야기할 수 있다. 따라서 연금 준비나 각종 보장성 보험 가입을 고려하고 있다면 하루라도 빨리 가입하는 것이 유리할 것이다. 젊은 연령일수록 보험료 차이가 더욱 크게 벌어질 수 있으므로 '나중에 가입해야지'라는 생각보다 적극적인 보험 설계를 통해 미래를 준비하는 것이 현명한 선택이 될 것이다.

[경험생명표의 구조와 보험료 변화 이해하기]

경험생명표란?

보험에 가입한 사람을 대상으로 생존, 사망통계를 이용하여 성별 사망률을 계산한 표로 연금보험에서 사용된다.

경험생명표에 따른 연금 수령액 계산법

 = (수익률이 영향) 연금 총 적립액 / 경험생명표(예상연금지급기간)  경험생명표  연금수령액

경험생명표에 따른 평균수명 변동 추이

연도	1989년	1992년	1997년	2002년	2006년	2009년	2012년	2015년	2019년 4월
여	75.65	76.78	77.94	80.90	84.40	85.30	85.90	86.70	88.5세
남	65.75	67.16	68.39	72.32	76.40	78.50	80.00	81.40	83.5세

(출처 : 보험개발원)

과거 경험생명표 개정에 따른 보험료 변화

구분		3회 → 4회	4회 → 5회	5회 → 6회	6회 → 7회
변경시점		2002.12	2006.04	2010.01	2012.04
평균 수명	남자	72.3세	76.4세	78.5세	80.0세
	여자	80.9세	84.4세	85.3세	85.9세
최대 수명	남자	103세	104세	104세	110세
	여자	109세	110세	110세	112세
보험료 변경현황	암(질병)보험	-	+5% ~ 10%	+10.2% ~ 27.7%	+10% ~ 15%
	연금보험	+5% ~ 10%	+5% ~ 13%	+3.2% ~ 8%	+5% ~ 10%

10장. 상속포기 후 보험금 수령

 피치 못할 사정으로 상속포기를 결정한 이후 피보험자가 가입했던 보험금의 수령에 대해 보험금을 받을 수 있는지 궁금해하는 분들이 많다. 여기서 중요한 포인트는 보험금이 상속재산에 포함되는지 여부이며 이 판단에 따라 수령 가능 여부가 갈린다.

 보험금이 상속재산인지 여부는 해당 보험상품의 수익자가 어떻게 지정되어 있는지에 따라 결정된다. 대법원 2001다23207 판결에서도 "보험수익자가 피보험자의 사망 당시 특정되어 있었다면 보험금 청구권은 상속재산에 포함되지 않으며 수익자의 고유 권리에 속한다"고 명확히 판시하고 있다.

 이는 보험계약이 피상속인과 보험회사 간의 계약이지만 수익자에 대한 보험금 지급은 상속과는 별개의 독립적인 권리 관계로 성립하기 때문이다. 따라서 보험증서에 '수익자: 자녀 홍길동'과 같이 명시되어 있다면 홍길동이 상속을 포기했더라도 보험금은 민법상 상속과는 무관하게 수익자의 고유 재산으로 직접 귀속된다.

반면 수익자가 '법정상속인' 또는 '상속인'으로 포괄적으로 지정되어 있거나 아예 수익자 지정이 없는 경우 해당 보험금은 상속재산에 포함된다. 이 경우 상속을 포기한 가족은 해당 보험금에 대한 수령권을 상실하게 된다.

[상속포기 후 보험금 수령 가능성 정리]

보험금 수령 여부는 '수익자 지정 상태'에 따라 완전히 달라집니다! 아래 표에서 확인해보세요.

구분	수령 가능 여부	조건 및 근거
① 수익자가 특정된 경우	O 수령 가능	'자녀 홍길동' 등 명시된 경우 → 수익자의 고유 권리 (대법원 2001다23207 판결)
② 수익자가 '법정상속인'	X 수령 불가	상속재산에 포함 → 상속포기 시 수령권 소멸
③ 수익자가 지정되지 않음	X 수령 불가	수익자 미지정 → 법정상속인으로 간주되어 상속재산으로 처리됨

따라서 상속포기를 고려 중이라면 반드시 보험계약 현황을 먼저 파악해야 한다. 상속은 사망 사실을 안 날로부터 3개월 이내에 포기 신청을 해야 하므로 이 기간 내에 생명보험협회 또는 손해보험협회의 '상속인 금융거래 조회 서비스'를 활용해 보험 가입 여부와 수익자 지정 상태를 확인할 수 있다. 보험금 수령 가능성은 계약서의 단순한 문구만으로 판단하기 어려우며 계약의 전체 구조, 관련 판례, 개별 사안의 특수성을 종합적으로 고려해야 하므로 보험 전문가와의 상담을 권장한다.

11장. 사전증여와 보험을 활용한 절세 전략

사전 증여의 개념과 절세 효과

 증여세는 타인으로부터 무상으로 취득한 재산을 과세 대상으로 하여 원칙적으로 증여를 받은 자가 납부해야 하는 의무를 갖는다. 다만 사전 증여 등 증여세 공제되는 법적 제도가 있다.

 사전 증여는 상속이 발생하기 전에 미리 재산을 자녀나 기타 수증자에게 증여하는 것으로 효과적인 상속세 절약 수단이자 재산 승계 전략이다. 사전 증여를 통해 상속재산을 미리 분산시키면 전체적인 세 부담을 크게 줄일 수 있다.

 부모가 자녀에게 10년마다 5천만 원씩 증여하면 증여세 부담 없이 재산을 이전할 수 있으며 장기간에 걸쳐 이를 반복하면 상당한 규모의 재산을 무세로 승계할 수 있다(미성년자인 경우 2천만 원). 예를 들어 자녀가 2명인 경우 부모 2명이 각각 자녀 2명에게 10년마다 5천만 원씩 증여하면 총 4억 원(5천만 원 × 2명의 부모 × 2명의 자녀 × 2번의 10년 주기)의 재산을 20년에 걸쳐 무세로 이전할 수 있다.

[연령별 증여세 비과세 한도]

증여 대상	나이 기준	비과세 한도 (10년 기준)
성인 자녀	만 19세 이상	5,000만 원
미성년 자녀	만 19세 미만	2,000만 원

※ 부모 2명 × 자녀 2명 × 2회 반복 = 4억 원 비과세 가능

해당 사전 증여로 증여받은 재산의 미래 가치 상승분에 대해서도 별도 세금이 부과되지 않는다. 사전 증여를 활용한 부동산, 주식, 보험 전략이 있는데 이 책에서는 보험을 활용한 증여 전략을 설명하겠다.

보험을 활용한 증여 전략

보험은 증여세 절약과 효율적인 재산 승계를 위한 매우 유용한 도구이다. 보험을 활용한 증여 전략은 크게 두 가지 방식으로 구분된다.

첫째, 보험료 증여 방식이다. 부모가 자녀에게 현금을 증여하고 자녀가 그 돈으로 보험료를 납입하는 방식이다. 이 경우 증여세 비과세 한도 내에서 매년 정기적으로 보험료를 증여할 수 있어 장기간에 걸쳐 상당한 규모의 보험 자산을 형성할 수 있다. 예를 들어 부모가 자녀에게 매년 5천만 원씩 10년간 증여하여 총 5억 원의 보험료를 납입하게 하면 증여세 부담 없이 큰 규모의 보험 자산을 만들 수 있다.

둘째, 보험계약자 변경 방식이다. 부모가 자신을 피보험자로 하여 보험에 가입한 후 일정 기간 보험료를 납입하고 나서 계약자를 자녀로 변경하는 방식이다. 이때 계약자 변경 시점의 해약환급금이 증여가액으로 평가되는데 초기에는 해약환급금이 납입보험료보다 적으므로 실질적인 절세효과를 얻을 수 있다.

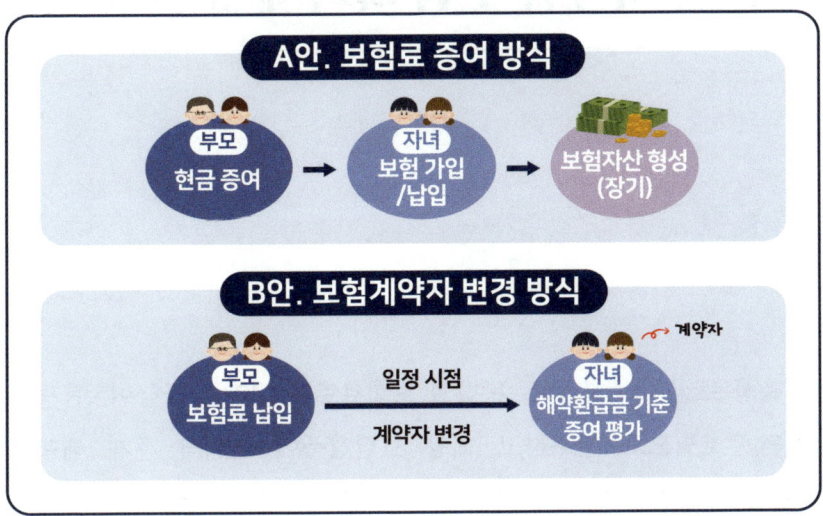

특히 종신보험이나 연금보험과 같은 저축성 보험을 활용하면 더욱 효과적이다. 이러한 보험들은 시간이 지나면서 해약환급금이 납입 보험료를 초과하게 되는데 이때의 차액은 증여세 부담 없이 자녀에게 이전되는 실질적인 이익이 된다.

12장. 저축성 보험 비과세 요건 분석

저축성 보험은 보험상품 중 납입 보험료보다 해지 환급금이 큰 경우 저축성 보험으로 간주하고 해당 보험상품에 대해서 세제 혜택을 부여하고 있다. 이자 소득세는 2,000만 원 미만까지는 분리 과세되지만 분리 과세 초과 금액은 종합 과세되어 타 소득이 많은 경우 높은 세율이 부과될 수 있다. 현재 저축성 보험의 비과세 요건은 다른 비과세 상품 대비 비과세 한도가 가장 큰 편이다.

[저축성 보험 비과세 요건 비교]

구분	조건 및 근거
월 적립식	월 납입 합계 150만 원 이하 / 납입 기간 5년 이상 / 계약 유지 10년 이상
일시납	1억 원 한도 / 계약 유지 10년 이상 / 중도 인출·상품 전환 시 과세 대상
종신형 연금보험	계약자·피보험자·수익자 동일 / 연금 개시 55세 이후 / 종신형 연금만 수령 / 한도 없이 비과세

월 적립식 저축성보험의 비과세 요건

월 적립식 저축성 보험에서 비과세 혜택을 받기 위한 가장 중요한 요건은, 납입 기간은 최소 5년 이상이어야 하며, 해당 기간 동안

균등하게 보험료를 납입해야 한다. 또한 보험계약 자체는 10년 이상 유지되어야 한다. 월 납입 보험료의 합계가 150만 원을 초과하지 않는 경우 비과세 혜택을 받을 수 있다. 이때 참고해야 할 점은 납입 한도가 연간 1,800만 원으로 제한되어 있지만 총 납입 한도는 제한이 없다는 것이다. 해당 비과세 요건은 계약자 기준으로 적용된다. 즉 한 사람이 여러 개의 저축성 보험 계약을 동시에 보유하고 있다면 각 계약의 월 납입 보험료를 모두 합산하여 150만 원 이하로 유지해야 한다. 따라서 계약자를 분산하는 경우 납입 한도를 늘릴 수 있으니 해당 부분을 참고하여 절세 효과를 최대한 누리는 것을 추천한다.

일시납 저축성 보험의 비과세 요건

일시납 저축성 보험의 경우 1억 원 한도로 10년 이상의 보험계약 유지 기간을 유지하면 비과세 혜택을 받을 수 있다. 일시금 저축성 보험인 경우 10년 이내에 확정형 연금 등 중도 인출 또는 상품 전환을 하면 비과세 혜택을 볼 수 없다.

종신형 연금보험의 비과세 요건

종신형 연금보험은 비과세 혜택을 가장 크게 볼 수 있는 중요한 방법이다. 하지만 조건이 조금 복잡할 수 있다. 먼저 계약자, 피보험자, 수익자가 모두 동일인이어야 하며 연금 개시 시점은 55세 이후여야 하고 반드시 종신형 연금 형태로만 수령해야 한다. 해당 조건을 충족하면 한도 없이 비과세 혜택을 받을 수 있어 이 부분은 종신형 연금보험을 잘 활용할 경우 비과세 혜택을 극대화할 수 있다는 점이 특징이다.

13장. 단기납 종신보험의 비과세 요건

 단기납 종신보험의 비과세 요건은 해당 보험상품을 보장성 상품으로 볼 것인지 저축성 상품으로 볼 것인지로에 따라 비과세 요건이 달라진다. 종신 상품으로 볼 경우 한도 제한 없이 비과세 혜택을 볼 수 있지만 저축성 보험으로 볼 경우 위에 언급한 저축성 보험의 비과세 요건을 충족해야 한다. 최근 기획재정부와 국세청의 유권 해석을 통해 단기납 종신보험에 대한 비과세 조건이 명확해졌다.

순수 보장성 보험 비과세 기준
 단기납 종신보험이 비과세 대상이 되기 위해 순수 보장성 보험인 경우 전액 비과세가 가능하다. 순수 보장성 보험이란 사망이나 사고 등에 대한 보장만을 목적으로 하는 보험으로, 저축이나 투자 기능이 부차적이거나 미미한 상품을 의미한다. 기획재정부는 이러한 순수 보장성 단기납 종신보험에 대해서는 원칙적으로 비과세 대상으로 본다는 입장을 내놓았다.

 하지만 해당 보험상품이 금융 당국에서 과도한 보험료로 순수 보장성으로 보기 힘들다고 판단하는 경우 저축성 보험으로 볼 수 있다는 입장을 내놓았다.

저축성 보험과의 비과세 기준

단기납 종신보험이 저축성 보험으로 분류될 경우에는 과세 대상이 된다. 저축성 보험으로 판단되는 주요 기준들을 살펴보면 첫째 해지 환급률이 과도하게 높은 경우와 과도한 보험료 규모인 경우이다. 월 보험료가 수십만 원에서 수백만 원에 이르거나 총 납입 보험료가 수억 원에 달하는 경우에는 순수한 보장 목적을 벗어나 자산 축적이나 세금 절약을 위한 목적이 있는 것으로 보아 저축성 보험으로 분류될 가능성이 높다.

또한 연금 특약이나 만기 환급 특약 등 저축성 성격의 특약이 포함되어 있다면 전체 보험계약이 저축성 보험으로 분류될 수 있다. 저축성 보험으로 구분되는 경우 저축성 보험 비과세 요건인 월 납입 보험료 150만 원까지 비과세 혜택을 볼 수 있는 점을 반드시 참고해야 한다.

정리하자면 단기납 종신보험의 비과세 요건은 보험의 본질이 사망보장 등 보장성 위주의 보험인 경우 비과세 요건에 해당되지만 과도한 보험료로 인해 저축성 상품으로 금융 당국이 결정할 수 있는 여지가 있으므로 단기납 종신보험 가입 시에는 보험 전문가와 반드시 상담 후 보험료 규모와 해당 보험 가입 목적 등을 정한 후 결정하는 것이 현명할 것이다.

[단기납 종신보험 비과세 가능 여부 판단 흐름]

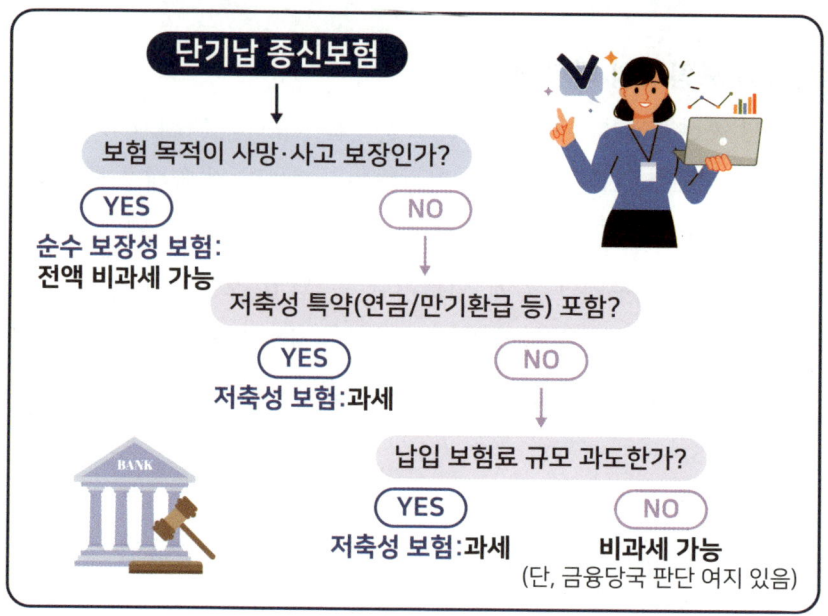

14장. 보험사별 콜센터 전화번호

생명보험

 iM라이프 1588-4770

 메트라이프생명 1588-9600

 동양생명 1577-1004

 DB생명 1588-3131

라이나생명 1588-0058

 미래에셋생명 1588-0220

 삼성생명 1588-3114

 신한라이프 1588-5580

 KDB생명 1588-4040

CHUBB 처브라이프생명 1599-4600

 푸르덴셜생명 1588-3374

 한화생명 1588-6363

푸본현대생명 1577-3311

 흥국생명 1588-2288

AIA AIA생명 1588-9898

 교보생명 1588-1001

 NH농협생명 1544-4000

 KB생명 1588-9922

 하나생명 1577-1112

ABL ABL생명 1588-6500

손해보험

 한화손해보험 1566-8000

 롯데손해보험 1588-3344

 삼성화재 1588-5114

 MG손해보험 1588-5959

 NH손해보험 1644-9000

 KB손해보험 1544-0114

meritz 메리츠화재 1566-7711

AIG AIG손해보험 1544-2792

 우체국보험 1599-0100

 하나손해보험 1566-3000

 DB손해보험 1588-0100

 현대해상 1588-5656

 흥국화재 1688-1688

 라이나손해보험 1566-5800

 AXA손해보험 1566-1566

보험금 청구 시 필요 서류

공통 필요서류

공통서류	· 보험금 청구서(가입해당회사양식) · 신분증 사본 · 보험금지급계좌사본 · 계약자/피보험자가 다른 경우 가족관계확인 서류 　(가족관계증명서 또는 주민등록등본)

입·통원별 필요서류

통원 시	· 병원비 영수증　　　· 약국 영수증 · 초진차트 또는 의무기록사본
입원 시	· 병원비 영수증　　　· 약국 영수증 · 초진차트 또는 의무기록사본 · 진료비 세부 내역서 · 진단서 또는 입원 확인서 　(진단명, 수술내용, 입원날짜 확인 가능 서류)
병원별 본인부담금	· 일반의원 10,000원 · 준종합병원 15,000원 · 상급종합병원 20,000원 ※ 처방조제비 8천 원을 공제한 금액

수술 시 필요서류

| 수술 시 | · 진단서   · 조직검사 결과지 |

질환별 필요서류

암 청구 시	· 진단서 · 조직검사 결과지
뇌질환 청구 시	· 진단서 · CR, MRI 등의 정밀 검사 결과지
심질환 청구 시	· 진단서 · 관상동맥조영술 결과지 · 심장효소 혈액검사 · 심초음파/심전도

사망보험금 청구 시 필요서류

| 사망보험금 청구 시 | · 사망진단서
(일반 사망, 상해/재해/교통사고 사망 등에 따라 필요서류 체크) |

고객님!
언제든지 편하게 연락 주세요!

증권이나 약관이 없을 때

자동이체 통장을 변경할 때

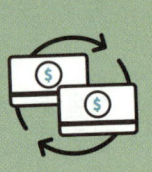

계약자 혹은 수익자를 변경할 때

주소 및 연락처를 변경할 때

우리 가족 보장 내용이 궁금할 때

보험 리모델링이 필요할 때

운전 목적 및 여부를 변경할 때

보험 관련 문의가 있을 때

건강검진 또는 병원 치료를 받으러 갈 때

직업 혹은 직무를 변경할 때

이륜차, 전동휠, 전동킥보드 등을 사용할 때

계약 후 알릴 의무(통지의무)

보험가입 이후 직업·직무의 변경, 목적물의 변경사항 등
보험회사에 지체없이 알리셔야 합니다.
통지의무를 준수하지 않은 경우
보험금 삭감 및 미지급 등의 불이익이 발생할 수 있습니다.

마무리하며

아이를 품에 안고 다시 사회로 걸어 나올 때, 우리는 두려움과 책임 사이에서 조심스럽게 균형을 잡아야 하는 순간을 마주하게 됩니다. 가족의 미래를 준비하면서도 오늘 하루를 근면하고 성실하게 살아내야 하는 것이 워킹맘의 삶이기 때문입니다. 그 고단함 속에서도 저는 믿었습니다. '보험'은 단지 위기를 대비하는 도구가 아니라, 삶의 균형을 지켜 주는 조용하고 든든한 울타리이며, 우환무탈한 내일을 위한 사랑의 표현이라는 사실을 말입니다.

이 책은 단순한 보험 설명서가 아닙니다.
저는 워킹맘이자 25년 차 보험인으로서, 현장에서 수많은 가족들을 만나 왔습니다. 그 속에서 어떤 보장이 우리를 지켜 왔고, 어떤 선택이 후회로 남았는지를 깨닫고 기록으로 남겨 둔 결과물입니다.

집필 과정에서 수없이 고치고 또 덮으며 가장 많이 떠올렸던 건 바로 이 책을 손에 들게 될 독자님들의 행복이었습니다.
보험을 점검하고 준비하는 일, 그것은 단순히 '보장'을 넘어서 자신의 삶을 지키고 싶은 마음이라는 걸 제가 누구보다 잘 알기 때문입니다.

그래서 이 책에는 이미 가입한 보험을 어떻게 바라봐야 하는지, 앞으로 어떤 기준으로 준비해야 하는지에 대한 현장의 눈과 진심 어린 조언이 담겨 있습니다. 독자님께서 이 책을 덮는 그 순간, 마음에 평안의 초석이 놓이길, 그리고 독자님의 보험이 행복을 만들어 충분히 기쁨을 누리고 나누는 삶의 에너지가 되기를 간절히 바랍니다.

오픈 톡방을 통해 실손 보험 상담을 신청하신 40대 여성분께서 질문을 주셨습니다.

"설계사님은 직업을 정말 잘 선택하신 것 같아요. 어쩜 설명을 쉽게 잘해 주세요?"

오늘은 이 질문에 대한 답을 나눠 보려 합니다.

2015년 8월 31일 월요일 새벽 3시.
그날은 20년 동안 근무한 회사에 명예퇴직 서류에 서명하기로 약속된 날이었습니다. 저는 아메리카노 한 잔을 내려 베란다에 앉았습니다.

"두려움에 떨고 있는 한 인간을 품고 계신 신이시여, 지금까지 쌓아 온 삶을 내려놓아야 하는 혼란한 마음과 지치고 힘든 지금의 모습이 진정 당신의 뜻인지요? 다시 세상을 향해 나아갈 때, 저는 무엇을 하며 살아가야 할지 알고 싶습니다."

그날 새벽, 있는 그대로의 두려움 가득한 내 마음을 신과 함께한 시간을 저는 평생 잊지 못합니다.

지난 10년, 빵집 아르바이트부터 다시 시작해 금융 회사의 영업 이사 자리까지 걸어오는 길은 결코 쉽지 않았습니다. 하지만 그 길 위에서 단 하나의 다짐을 지키며 살아왔습니다.

"신이 기뻐하실 일을 하며 살아간다면, 내 삶은 반드시 평안할 것이다."

그 믿음 하나로 하루하루를 견뎌 냈고, 웃으며, 다시 일어설 수 있었습니다. 그리고 2025년, 누군가의 평안을 돕는 마음으로 이 책을 성실히 마무리할 수 있었습니다.

『Mrs.보험』은 단순한 보험 안내서가 아닌, 삶을 대하는 그릇을 넓혀 주는 이야기입니다. 나아가 이 책을 덮는 순간, 당신의 내일에도 든든한 평안이 함께하길 진심으로 바랍니다.
　지난밤에도 잠 못 이루게 했던 수많은 걱정은 잠시 내려놓고, 스스로에게 이렇게 말해 보기를 바랍니다.

"괜찮아, 다 잘되고 있으니까."

자작나무처럼 바람에 흔들리지만 결코 쓰러지지 않는 독자님의 하루를, 따뜻한 마음으로 응원합니다.

이번 생에 함께 걸어갈 수 있음에 진심으로 감사합니다.

P.S. 저는 특정 종교를 가진 사람은 아닙니다. 하지만 49살까지 세 번의 죽음의 고비를 넘기며, 분명히 깨달은 것이 하나 있습니다. 그 순간마다 드린 간절한 기도를 누군가는 들으셨고, 그래서 지금 이 순간까지 살아올 수 있었다는 것을 저는 부인할 수 없습니다.

저는 그저, 오늘의 삶을 가능케 하신 그분께 진심으로 감사드리는 사람입니다.

신재흥, 《자작나무 숲 #28》

Mrs.보험

발행일	2025년 06월 30일
지은이	최서영
펴낸이	남성현
편집·디자인	(주)에프피하우스

펴낸곳　(주)에프피하우스　　　출판등록　2024년 7월 4일(제2024-000015호)
　　　　부산광역시 남구 수영로 312, 2028호
　　　　1566-4875

ISBN　979-11-94967-07-1 (종이책)　　　979-11-94967-06-4 (전자책)

· 인쇄·제작 및 유통상의 파본 도서는 구입하신 서점에서 바꿔드립니다.
· 이 책의 전부 또는 일부 내용을 재사용하려면 반드시 사전에 저작권자와 (주)에프피하우스의 동의를 받아야 합니다.